KB117810

마법 급수한자

글 이유남 그림 서규석

7급-2

아울북

한자능력검정시험 안내

한자능력검정시험이란?

사단법인 한국어문회가 주관하고 한국한자능력검정회가 시행하는 한자 활용능력시험을 말합니다. 1992년 12월 9일 1회 시험을 시작으로 2001년 1월 1일 이후, 국가공인 자격시험(1~3급Ⅱ)으로 치러지고 있습니다.

언제, 어떻게 치르나요?

한자능력검정시험은 공인급수 시험(1급, 2급, 3급, 3급Ⅱ)과 교육급수 시험(4급, 4급Ⅱ, 5급, 6급, 6급Ⅱ, 7급, 8급)으로 나뉘어 각각 1년에 4번 치러집니다. 누구나 원하는 급수에 응시할 수 있으며, 응시 원서의 접수는 방문 접수와 인터넷 접수 모두 가능합니다. (기타 자세한 내용은 한국한자능력검정회 홈페이지 참조. http://www.hanja.re.kr)

어떤 문제가 나오나요?

급수별 자세한 출제 기준은 다음과 같습니다.

한자능력검정시험 출제 유형

구 분	공 인 급 수				교 육 급 수						
	1급	2급	3급	3급Ⅱ	4급	4급Ⅱ	5급	6급	6급Ⅱ	7급	8급
읽기 배정 한자	3,500	2,355	1,817	1,500	1,000	750	500	300	300	150	50
쓰기 배정 한자	2,005	1,817	1,000	750	500	400	300	150	50	0	0
독음	50	45	45	45	30	35	35	33	32	32	24
훈음	32	27	27	27	22	22	23	22	29	30	24
장단음	10	5	5	5	5	0	0	0	0	0	0
반의어	10	10	10	10	3	3	3	3	2	2	0
완성형	15	10	10	10	5	5	4	3	2	2	0
부수	10	5	5	5	3	3	0	0	0	0	0
동의어	10	5	5	5	3	3	3	2	0	0	0
동음이의어	10	5	5	5	3	3	3	2	0	0	0
뜻풀이	10	5	5	5	3	3	3	2	2	2	0
필순	0	0	0	0	0	0	3	3	3	2	2
약자	3	3	3	3	3	3	3	0	0	0	0
한자 쓰기	40	30	30	30	20	20	20	20	10	0	0
출제 문항 수	200	150	150	150	100	100	100	90	80	70	50

* 쓰기 배정 한자는 한두 급수 아래의 읽기 배정 한자거나 그 범위 내에 있습니다.
* 출제 유형표는 기본 지침 자료로서, 출제자의 의도에 따라 차이가 있을 수 있습니다.

급수는 어떻게 나눠지며, 합격 기준은 무엇인가요?

한자능력검정시험은 공인급수와 교육급수로 나누어지며, 8급부터 1급까지 11단계로 되어 있습니다.

한자능력검정시험 급수 배정표

급 수		수 준	특 성
교육급수	8급	읽기 50자, 쓰기 없음	유치원생이나 초등학생의 학습 동기 부여를 위한 급수
	7급	읽기 150자, 쓰기 없음	한자 공부를 처음 시작하는 분을 위한 초급 단계
	6급Ⅱ	읽기 300자, 쓰기 50자	한자 쓰기를 시작하는 첫 급수
	6급	읽기 300자, 쓰기 150자	기초 한자 쓰기를 시작하는 급수
	5급	읽기 500자, 쓰기 300자	학습용 한자 쓰기를 시작하는 급수
	4급Ⅱ	읽기 750자, 쓰기 400자	5급과 4급의 격차를 해소하기 위한 급수
	4급	읽기 1,000자, 쓰기 500자	초급에서 중급으로 올라가는 급수
공인급수	3급Ⅱ	읽기 1,500자, 쓰기 750자	4급과 3급의 격차를 해소하기 위한 급수
	3급	읽기 1,817자, 쓰기 1,000자	신문 또는 일반 교양서를 읽을 수 있는 수준
	2급	읽기 2,355자, 쓰기 1,817자	일상 한자어를 구사할 수 있는 수준
	1급	읽기 3,500자, 쓰기 2,005자	국한혼용 고전을 불편 없이 읽고 공부할 수 있는 수준

한자능력검정시험 합격 기준표

구 분	공 인 급 수				교 육 급 수						
	1급	2급	3급	3급Ⅱ	4급	4급Ⅱ	5급	6급	6급Ⅱ	7급	8급
출제 문항 수	200	150	150	150	100	100	100	90	80	70	50
합격 문항 수	160	105	105	105	70	70	70	63	56	49	35
시험 시간	90분	60분			50분						

＊ 1급은 출제 문항 수의 80% 이상, 2~8급은 70% 이상 득점하면 합격입니다.

급수를 따면 어떤 점이 좋은가요?

- 1~3급Ⅱ는 국가 공인급수로 초, 중, 고등학교 생활기록부의 자격증 및 인증 취득 상황란에 정식 기재되며, 4~8급은 교과 학습 발달 상황란에 기재됩니다.
- 대학 입시 수시 모집 및 특기자 전형에 지원이 가능합니다.
- 대학 입시 면접에 가산점 부여 및 졸업 인증, 학점 반영 등 혜택이 주어집니다.
- 언론사와 기업체의 입사 및 승진 등 인사고과에 반영됩니다.

7급 마법급수한자
이 책의 구성과 특징

마법한자 주문
주문으로 한자를 외워요!
주문만 외우면, 한자가 나왔을 때 금방 무슨 한자인지 떠올릴 수 있습니다.

자원(字源)과 용례
한자가 어떻게 만들어졌는지, 어떻게 쓰이는지 알려 줍니다. 주문과 연결해서 익히는 것이 더욱 효과적입니다.

7급 마법급수한자
작을 소에 선 하나 더해! 적을 소 少!

월 일 확인

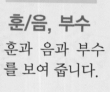
훈 적을(젊을) 음 소

小부수 (작을소 부수)

이 빵은 너무 작아[작을 小].
둘이 먹기에는 너무 적어[적을 少].

祖夫男子老少孝心

훈/음, 부수
훈과 음과 부수를 보여 줍니다.

빨리 찾기
여기를 보면, 한자를 쉽게 찾을 수 있습니다.

📖 필순에 따라 써 보세요.

총 4획

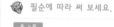

적을(젊을) 소

😊 이렇게 써요.

多 少
다 소

6급
多 少
많을 다 적을 소

다소: 많고 적음. "다소의 차이는 있지만, 모두가 승리하는 데 공을 세웠다."

少 年
소 년

8급
少 年
젊을 소 해 년

소년: 나이가 어린 사내아이. "그 소년은 나이답지 않게 의젓했다."

필순 보기
필순과 더불어 획의 방향이 나타나 있어서 알아보기가 쉽습니다. 필순이 표시된 방향을 따라서 손가락으로 책 위에 한자를 써 봅시다.

낱말 활용
한 글자에 낱말이 두 개씩! 방금 익힌 한자가 낱말 속에서 어떻게 쓰이는지 예문과 함께 살펴보세요.

음식이 이게 다야?
너무 적어!
더 가져와!

51

필순대로 써 보기
필순에 따라 한자를 직접 써 봅니다. 필순이 손에 익으면 한자도 쉽게 외워지고, 한자 모양도 예뻐집니다.

〈마법천자문〉 한 장면
한자나 낱말에 관련된 〈마법천자문〉의 한 장면입니다.
〈마법천자문〉을 읽은 사람에게는 더욱 효과적이지요!

〈마법급수한자〉는 이렇게 달라요.

청킹으로 낱자들을 묶어서 기억한다!
한자의 키 포인트를 주문으로 외운다!

〈마법급수한자〉는 학습할 낱자들을 서로 관련성이 높은 것끼리 묶어서 기억합니다. 청킹(chunking : 덩어리) 기법으로 외우면, 암기가 훨씬 빨라지고, 오래 기억할 수 있습니다.

또, 〈마법급수한자〉의 모든 한자에는 주문이 달려 있습니다. 이 주문은 한자의 생성 원리와 형태, 훈과 음을 한 덩어리로 외우게 하여 암기 부담을 덜어 줍니다.

만화로 익히니 한자가 더욱 재미있다!
만화만으로도 쉽게 한자를 익힐 수 있어!

〈마법급수한자〉는 급수서의 딱딱한 틀에서 벗어나 학습 과정에 만화를 적극 도입하였습니다. 만화 속에는 공부할 한자나 낱말들이 꼬리를 물고 등장하여 충분한 선행학습이 이루어지게 됩니다. 또, 각 한자와 관련된 〈마법천자문〉의 장면이 함께 나와 있어 더욱 효과적으로 암기됩니다.

암기에 실제로 도움이 되는
독창적·현대적인 자원(字源) 해설!

일반적인 자원 해설은 어른조차 이해하기 힘듭니다. 〈마법급수한자〉의 자원 해설은 한자의 생성 원리에 기초하면서도, 한자 암기에 실제적으로 도움이 되도록 많은 부분을 어린이의 시각에서 현대적으로 재구성하였습니다.

낱자가 아니라 낱말로 익히는 한자!
어휘 학습을 대폭 강화했습니다.

한자 공부의 궁극적인 목적은 어휘력을 높이는 것입니다. 〈마법급수한자〉는 낱자 학습에서 글자마다 2개씩 100개의 낱말을 예문과 함께 익힐 수 있습니다. 또, 별도의 〈낱말 깨치기〉 코너를 통해 7급 낱말 70여 개에 대한 쓰기 연습을 할 수 있습니다.

7급 1권 한자들을
복습해 보자!

춘하추동 오석으로 매시 동시에!

春夏秋冬午夕每同時
춘 하 추 동 오 석 매 동 시

출입구 직립해서 정평방면!

出入口直立正平方面
출 입 구 직 립 정 평 방 면

산수 어문 뭐가 좋아? 한자로 문답!

算數語文漢字問答
산 수 어 문 한 자 문 답

주소 성명 동리읍시 빼놓지 말자!

住所姓名洞里邑市
주 소 성 명 동 리 읍 시

주유기중활동에 력만 붙여 봐!

主有氣重活動力
주 유 기 중 활 동 력

농촌엔 식물 화초! 나무 키워 육림!

農村植物花草育林
농 촌 식 물 화 초 육 림

자연 | 천지자연천백천강해

 큰 대가 떠받치는! 　하늘 **천** 天!

 내 땅이다 깃발 꽂아! 　땅 **지** 地!

 가장 자신 있는 곳은 눈! 　**스스로 자** 自!

 개의 다리는 넷? 당연하지! 　그럴 **연** 然!

 열 십에 선 하나 더해! 　일천 **천** 千!

 나이 백 살에 머리도 백발! 　일백 **백** 百!

 세 줄기 시냇물은! 　내 **천** 川!

 강에 다리를 놓으니! 　강 **강** 江!

 바다는 생명의 어머니! 　바다 **해** 海!

낱말을 만들어 봐!
天地, 自然, 天然, 江!

악마의 섬으로

온 천지(天地)가 간절히
봄을 기다리는구나.
감히 자연(自然)을 멋대로
조종하려 들다니.

저기가
악마의 섬이다.

촥

길을 따라 가면
천리(千里)지만,
강(江)으로
가면 백리(百里).

악마성

강을 타는 게 좋겠어.

강에 왔으니
잠시 낚시를….

!

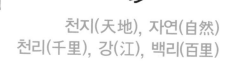

8

천지(天地), 자연(自然)
천리(千里), 강(江), 백리(百里)

큰 대가 떠받치는! 하늘 천 天!

天地自然千百川江海

天

훈 하늘 음 천

大부수 (큰대 부수)

天은 大(큰 대)가 一(한 일)을 떠받치고 있는 모습이야. 하늘은 크니까 '큰 대'가 떠받치지.

필순에 따라 써 보세요.

총 4획

天 天 天 天

하늘 천

이렇게 쓰여요.

天國 천 국 | 天國 하늘 천 나라 국 (8급)

천국: 하늘나라. 하늘에 있다고 믿는 이상의 세계. "그 나라는 아이들의 천국이라고 불린다."

中天 중 천 | 中天 가운데 중 하늘 천 (8급)

중천: 하늘 한가운데. "해가 중천에 떴는데, 아직도 자고 있니?"

하늘나라를 한자로 하면 천국(天國)!

나는 하늘나라의 수문장.

곱 마법급수한자

내 땅이다 깃발 꽂아! 땅 지 地!

地

훈 땅 음 지

土부수 (흙토 부수)

여긴 내 땅!

여긴 내 땅!

天
地
自
然
千
百
川
江
海

😛 필순에 따라 써 보세요.

총 6획

地 地 地 地 地 地

필순

땅 지

땅지 땅지

땅지 땅지

땅지 땅지

😀 이렇게 쓰여요.

大 地
대   지

8급
大 地
큰 대   땅 지

대지: 대자연의 넓고 큰 땅. "봄비가 대지를 촉촉이 적셔 주었다."

地 圖
지   도

6급
地 圖
땅 지   그림 도

지도: 땅 위의 일부나 전체를 일정한 비율로 줄여 평면 위에 나타낸 그림. "낯선 곳에서 나는 지도를 보고 길을 찾았다."

여기가 바로 지옥의 문!

으스스해!

가장 자신 있는 곳은 눈! 스스로 자 自!

天地自然千百川江海

自
훈 스스로 음 자

自부수 (스스로자 부수)

눈 목(目)에다 눈썹을
살짝 붙이면
스스로 자(自)가 돼!

🌀 필순에 따라 써 보세요.

총 6획

自 自 自 自 自 自

필순
스스로 자

😑 이렇게 쓰여요.

自生
자   생

自生 8급
스스로 자 날 생

자생: 자기 힘으로 살아감. 저절로 생겨남. "이 화초는 자생 능력이 매우 뛰어나다."

自白
자   백

自白 8급
스스로 자 흰 백

자백: 스스로 고백함. "증거를 들이대자, 범인은 순순히 자백했다."

자백해!

화장실에다
'동자 ♥ 삼장'
이라고 써 놓은 게
너지?

개의 다리는 넷? 당연하지! 그럴 연 然!

훈 그럴 음 연

˷˷˷ 부수 (연화발 부수)

'然'자 속의 犬은 '개 견' 자이고 ˷˷˷은 발처럼 생겼어.

이렇게 발이 여섯 개니 어딘지 부자연스럽지?

天地自然千百川江海

필순에 따라 써 보세요.

총 12획

˷然 ク然 タ然 タ然 タ然 狀 然 然 然 然 然 然

필순

그럴 연

그럴 연 | 그럴 연

그럴 연 | 그럴 연

이렇게 쓰여요.

當然
당 연

5급
當然
마땅할 당 그럴 연

당연: 마땅히 그러함. "뭘요, 당연히 해야 할 일을 한 것뿐인데요."

本然
본 연

6급
本然
근본 본 그럴 연

본연: 본디 그대로의 모습이나 상태. "모두 인간 본연의 자세로 돌아가서 생각해 봅시다."

모든 자연 만물이 그렇게 생긴 데는 다 그럴 만한 이유가 있느니라.

그래서 그럴 연!

열 십에 선 하나 더해! 일천 천 千!

天地自然 **千** 百川江海

훈 일천 음 천

十부수 (열십 부수)

천(千) 냥인데 왜 열[十] 냥만 줘?

여기 작대기 하나 더하면 천 냥 맞잖아!

🐲 필순에 따라 써 보세요.

총 3획

千 千 千

필순

①
②
③

일천 천

일천 천 일천 천
일천 천 일천 천

😀 이렇게 쓰여요.

千金
천 금

[8급]
千金
일천 천 쇠 금

천금: 많은 돈이나 비싼 값을 비유적으로 이르는 말. "이 그림만큼은 천금을 준다 해도 팔 수가 없어."

千萬
천 만

[8급]
千萬
일천 천 일만 만

천만: 만의 천 배가 되는 수. "서울 인구는 천만이 훨씬 넘는다." "천만의 말씀입니다."

이 바위, 천 킬로그램은 되겠는걸.

나이 백 살에 머리도 백발! 일백 백 百!

百

훈 일백 음 백

白부수 (흰백 부수)

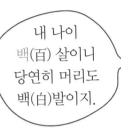

내 나이 백(百) 살이니 당연히 머리도 백(白)발이지.

百은 흰 백(白)에 한 일(一)을 더해서 만들어졌단다.

天地自然千百川江海

 필순에 따라 써 보세요.

총 6획

百 百 百 百 百 百

필순

일백 백

百 일백 백	百 일백 백
百	百
百 일백 백	百 일백 백
百	百
百	百

 이렇게 쓰여요.

 百 日
백　일

 [8급] 百 日
일백 백　날 일

백일: 태어난 지 백 번째 되는 날. "조카의 백일 잔치에 다녀왔다."

 百 藥
백　약

 [6급] 百 藥
일백 백　약 약

백약: 여러 가지 약. 온갖 약. "이 병에는 백약이 무효하다."(어떤 약을 써도 듣지 않는다.)

이 나무는 수백 킬로그램은 되겠다. 뜨아!

와!

영차!

세 줄기 시냇물은! 내 천 川 !

天
地
自
然
千
百
川
江
海

훈 내　음 천

川부수 (내천 부수)

川은 물 수(水)와 뿌리가 같아. 둘 다 물이 세 갈래로 흐르는 모습에서 나온 글자란다.

😀 **필순에 따라 써 보세요.**

총 3획

川 川 川

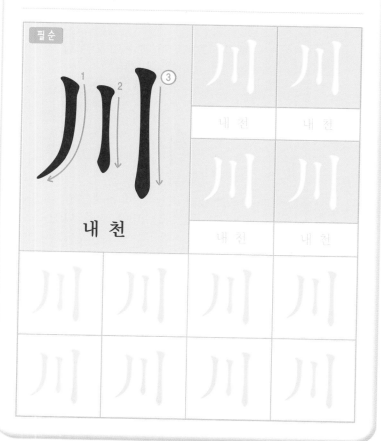

필순

내 천

😎 **이렇게 쓰여요.**

山	川		8급 山 川
산	천		메 산　내 천

산천: 산과 내라는 뜻으로, '자연'을 이르는 말. "나이가 들수록 고향 산천이 더욱 그립구나."

河	川		5급 河 川
하	천		물 하　내 천

하천: 강과 내를 아울러 이르는 말. "장마에 대비해서 하천을 정비했다."

川과 江이 어떻게 다르냐고? 川이 江보다 물줄기가 작지.

강에 다리를 놓으니! 강 강 江!

훈 강   음 강

氵부수 (삼수변 부수)

'江' 자 모양으로 다리를 놓았어!

天地自然千百川江海

필순에 따라 써 보세요.

총 6획

江 江 江 江 江 江

필순

강 강

江	江
강 강	강 강
江	江
강 강	강 강

江	江	江	江
江	江	江	江

이렇게 쓰여요.

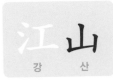
江山
강   산

8급
江山
강 강   메 산

강산: 강과 산. 자연의 경치. "우리나라의 자연은 비단에 수를 놓은 듯 아름답다고 해서 금수강산이라 불러 왔다."

江湖
강   호

5급
江湖
강 강   호수 호

강호: 강과 호수. 현실 세계에서 멀리 떨어진 시골이나 자연. "강호에 묻혀 살다."

川이 모여서 江이 되지. 그러니 江이 더 커. 청계천, 한강! 알겠지?

바다는 생명의 어머니! 바다 해 海!

天地自然千百川江海

훈 바다 음 해

氵부수 (삼수변 부수)

海 속에는 每(매양 매)가 있고, 每 속에는 母(어미 모)가 있느니라.

😀 **필순에 따라 써 보세요.**

총 10획

海 海 海 海 海 海 海 海 海 海

필순

바다 해

👹 **이렇게 쓰여요.**

海 水	海 水 8급
해 수	바다 해 물 수

해수: 바닷물. "배가 난파하면서 기름이 흘러나와 해수가 오염되었다."

海 軍	海 軍 8급
해 군	바다 해 군사 군

해군: 바다를 지키는 군대. "아빠의 젊은 시절 해군 제복이 아직까지 남아 있습니다."

나는 해적 상어 왕이다.

짠!

천지

天地
하늘 천 땅 지

天地 天地 天地 天地
天地 天地 天地 天地

천지 : 하늘과 땅.

자연

自然
스스로 자 그럴 연

自然 自然 自然 自然
自然 自然 自然 自然

자연 : 사람에 의하지 않고, 저절로 생겨난 존재. 산, 바다, 동식물 등.

천연

天然
하늘 천 그럴 연

天然 天然 天然 天然
天然 天然 天然 天然

천연 : 사람의 손이 가지 않은 자연 그대로의 상태.

자주

自主
7급-1 100쪽
스스로 자 주인 주

自主 自主 自主 自主
自主 自主 自主 自主

자주 : 남의 보호나 간섭을 받지 않고, 자신의 일을 스스로 처리함.

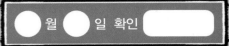

공연

71쪽

空然

빌 공 그럴 연

空然 空然 空然 空然

空然 空然 空然 空然

공연 : 쓸데없는 행위를 이를 때 쓰는 말. 공연히.

자족

85쪽

自足

스스로 자 발 족

自足 自足 自足 自足

自足 自足 自足 自足

자족 : 필요한 것을 스스로 충족시킴. 스스로 만족스럽게 느낌.

지상

98쪽

地上

땅 지 위 상

地上 地上 地上 地上

地上 地上 地上 地上

지상 : 땅 위. 이 세상. 현실 세계.

천하

99쪽

天下

하늘 천 아래 하

天下 天下 天下 天下

天下 天下 天下 天下

천하 : 하늘 아래 온 세상.

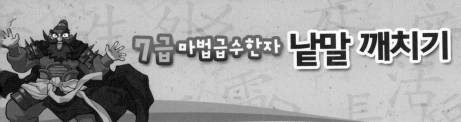 

지방

地方 7급-1 35쪽

땅 지 모 방

| 地方 | 地方 | 地方 | 地方 |
| 地方 | 地方 | 地方 | 地方 |

지방 : 어느 한 방면의 땅. 서울 이외의 지역을 이르는 말.

한강

漢江 7급-1 50쪽

한나라 한 강 강

| 漢江 | 漢江 | 漢江 | 漢江 |
| 漢江 | 漢江 | 漢江 | 漢江 |

한강 : 한반도의 중부를 흐르는 강.

천명

天命 7급-1 72쪽

하늘 천 목숨 명

| 天命 | 天命 | 天命 | 天命 |
| 天命 | 天命 | 天命 | 天命 |

천명 : 타고난 수명이나 운명. 하늘의 명령.

자동

自動 7급-1 105쪽

스스로 자 움직일 동

| 自動 | 自動 | 自動 | 自動 |
| 自動 | 自動 | 自動 | 自動 |

자동 : 사람이 일일이 움직이지 않아도 기계나 장치가 제 힘으로 움직이는 것.

1 다음 글을 읽고, 한자로 된 낱말의 음을 한글로 쓰세요.

(1) 모든 신화에는 天地가 생겨난 이야기가 들어 있습니다.

(2) 自然을 벗 삼아 산 지도 어느덧 십 년째입니다.

(3) 地方에서 서울로 이사를 했습니다.

(4) 할아버지께서는 북쪽의 고향 山川을 늘 그리워하셨습니다.

(5) 漢江은 서울의 젖줄이라고 불립니다.

(6) 南海에는 섬이 많습니다.

(7) 우리 집 막내둥이의 百日 잔치가 열렸습니다.

(8) 千金을 준다고 해도 바꿀 수 없어요.

千金, 만금을 준다 해도 삼장과 바꿀 수는 없어.

'千金', '만금' 둘 다 '아주 많은 돈'이라는 뜻이야.

2 다음 한자의 훈(訓 : 뜻)과 음(音 : 소리)을 쓰세요.

(1) 江 (   )   (2) 地 (   )

(3) 天 (   )   (4) 海 (   )

(5) 然 (   )   (6) 百 (   )

(7) 自 (   )   (8) 川 (   )

3 다음 음과 뜻에 알맞은 한자를 보기에서 찾아 그 번호를 쓰세요.

보기

①江　②海　③川　④百
⑤千　⑥然　⑦天　⑧地

(1) 일천 천　(   )   (2) 그럴 연　(   )

(3) 하늘 천　(   )   (4) 바다 해　(   )

(5) 일백 백　(   )   (6) 땅 지　(   )

(7) 강 강　(   )   (8) 내 천　(   )

4 다음 빈칸에 알맞은 한자를 보기에서 골라 그 번호를 쓰세요.

보기

①天　②江　③自　④然

(1) (   )動 : 기계나 장치가 제 힘으로 움직이는 것.

(2) (   )地 : 하늘과 땅.

(3) 漢(   ) : 한반도의 중부를 흐르는 강.

5 다음 글에서 밑줄 친 글자를 한자로 쓰세요.

> 간밤에 내린 눈으로 온 <u>천지</u>가 하얗게 뒤덮였습니다. 수<u>천</u> 그루의 나무가 저마다 눈꽃을 피우고, 밤새 얼어붙은 <u>강</u> 위로는 갑자기 드넓은 흰색 벌판이 생겼습니다. 정말이지 눈 덮인 <u>자연</u> 만큼 아름다운 것은 없는 것 같습니다.

(1) 천 : ☐　　(2) 지 : ☐　　(3) 천 : ☐

(4) 강 : ☐　　(5) 자 : ☐　　(6) 연 : ☐

6 다음 한자에서 ㉠획은 몇 번째 획일까요?

① 네 번째
② 다섯 번째
③ 여섯 번째
④ 일곱 번째

7 다음 한자에서 ㉠획은 몇 번째 획일까요?

① 첫 번째
② 두 번째
③ 세 번째
④ 네 번째

눈 공격이다! 어서 피해!

차도가 불편하니
안전 등장!
장내로!

차도불편안전등장내

 옛날엔 수레, 오늘날엔 차! **수레 거/차 車!**

 우두머리 가는 곳이 길이다! **길 도 道!**

 부족하니 부당해서 불만이다! **아닐 불 不!**

 똥 눴더니 속이 편해졌다! **편할 편 便!**

 여자가 지붕 아래에 있으니! **편안 안 安!**

 왕이 들어오신다! **온전 전 全!**

 제사상에 음식이 오르니! **오를 등 登!**

 볕 드는 땅에 마당을 만들어라! **마당 장 場!**

 사람이 안으로 들어가니! **안 내 內!**

낱말을 만들어 봐!
車道, 不便, 便安, 安全,
不安, 登場, 道場,
場內, 道內!

불불단의 등장

저 길로 가면 되겠어.

자동차(自動車)가 버려져 있네!

조금 낡았어도 아직 쓸 만한데.

차도(車道)에 차(車)들이 뒤엉켜 있네. 웬 소동일까?

혹시 불불단? 이런 곳에서 놈들이 등장(登場)할 줄이야.

우히히! 재미있다.

으악! 차가 말을 안 들어!

26

자동차(自動車), 차도(車道)
차(車), 등장(登場)

동력(動力), 안전(安全)

옛날엔 수레, 오늘날엔 차! 수레 거 車!

車道不便安全登場內

훈 수레 음 거/차

車부수 (수레거 부수)

거(車)는 동력을 이용하지 않는 것! 인력거, 자전거!

차(車)는 동력을 이용하는 것! 자동차, 기차, 전차!

필순에 따라 써 보세요.

총 7획

車 車 車 車 車 車 車

필순

수레 거/차

수레 거/차 | 수레 거/차
수레 거/차 | 수레 거/차

이렇게 쓰여요.

兵車
병 거

5급 兵車
병사 병　수레 거

병거: 전쟁할 때 쓰는 수레. "적군이 병거를 몰고 쳐들어왔다."

汽車
기 차

5급 汽車
김 기　수레 차

기차: 철길 위를 달리는 차량. "맨 처음 기차는 석탄을 태워서 만들어지는 증기로 움직였다."

수레야, 나와라!

수레 거!

우두머리 가는 곳이 길이다! 길 도 道!

道
훈 길 음 도

辶 부수 (책받침 부수)

首는 '머리', 辶는 '걷는다'는 뜻이야.

우두머리〔首〕가 저 길로 걸어 갔으니〔辶〕 나도 따라가야지.

車道不便安全登場內

🦉 필순에 따라 써 보세요.

총 13획

道 道 道 道 道 道 道 道 道 道 道 道 道

길 도

道 道
道 道
道 道
道 道
道 道 道 道
道 道 道 道

🐦 이렇게 쓰여요.

王道
왕 도

王 道
임금 왕 길 도 （8급）

왕도: 왕으로서 마땅히 지켜야 할 도리. 어떤 일을 할 때 가장 쉬운 방법. "영어 공부에는 왕도가 따로 없다."

道路
도 로

道 路
길 도 길 로 （6급）

도로: 사람이나 차가 다니는 비교적 넓은 길. "도로 위에 차들이 꼬리에 꼬리를 물고 서 있다."

히죽~

그러니까 이 길이 끊겼다는 말이지?

부족하니 부당해서 불만이다! 아닐 불 不!

車道**不**便安全登場內

不
훈 **아닐** 음 **불/부**

一부수 (한일 부수)

필순에 따라 써 보세요.

총 4획

不 不 不 不

필순

아닐 불/부

不	不
아닐 불/부	아닐 불/부
不	不
아닐 불/부	아닐 불/부

不	不	不	不
不	不	不	不

이렇게 쓰여요.

不 幸	**6급** 不 幸
불 행	아닐 불 다행 행

불행: 행복하지 않음. "교통사고가 났지만, 불행 중 다행으로 사람은 아무도 다치지 않았다."

不 在	**6급** 不 在
부 재	아닐 부 있을 재

부재: 있지 아니함. 없음. "전화를 걸었지만 사람은 받지 않고 부재 중 응답 소리만 흘러나왔다."

첫! ㄷ, ㅈ 앞에서는 '부'로 읽고 나머지는 '불'로 읽는다니. 나는 그게 불만이야!

똥 눴더니 속이 편해졌다! 편할 편 便!

便

훈 편할/똥오줌 음 편/변

亻부수 (사람인변 부수)

아, 날아갈 것 같아!

便은 '편하다'로 쓰일 때는 음이 '편'이 되고 '똥오줌'으로 쓰일 때는 '변'이 돼.

車道不便安全登場內

필순에 따라 써 보세요.

총 9획

便便便便便便便便便

便

편할 편/똥오줌 변

편할 편 | 편할 편

편할 편 | 편할 편

편할 편 | 편할 편

이렇게 쓰여요.

便利
편 리

便利 [6급]
편할 편 이로울 리

편리: 편하고 이로움. 이용하기 쉬움. "휴대폰은 편리한 점도 많지만, 때로는 불편한 점도 있다."

用便
용 변

用便 [6급]
쓸 용 똥오줌 변

용변: 대변이나 소변을 봄. "용변이 보고 싶어서 급히 화장실을 찾았다."

손오공이

용궁에서 편지를 보냈어.

31

여자가 지붕 아래에 있으니! **편안 안 安!**

車道不便安全登場內

훈 편안 음 안

宀 부수 (갓머리/집면 부수)

집만큼 편안한 곳은 없어.

😀 **필순에 따라 써 보세요.**

총 6획

安 安 安 安 安 安

필순

편안 안

😏 **이렇게 쓰여요.**

安	定	安	定
안	정	편안 안	정할 정
			6급

안정: 쉽게 바뀌지 않고 일정한 상태를 유지함. "빨리 물가가 안정되어야 할 텐데."

安	樂	安	樂
안	락	편안 안	즐거울 락
			6급

안락: 몸과 마음이 편안하고 즐거움. "이 소파는 앉아 보면, 금방 안락한 기분을 느낄 수 있다."

편안해져라!

편안 안!

왕이 들어오신다! 온전 전 全!

훈 온전 **음** 전

入부수 (들입 부수)

역시 임금님〔王〕이 들어오셔야〔入〕 자리가 온전히 채워지지.

車道不便安全登場内

 필순에 따라 써 보세요.

총 6획

全 全 全 全 全 全

온전 전

 이렇게 쓰여요.

全	國
전	국

8급

全	國
온전 전	나라 국

전국: 온 나라. "전국에서 달리기를 제일 잘 하는 아이가 우리 학교로 전학을 왔다."

全	校
전	교

8급

全	校
온전 전	학교 교

전교: 학교 전체. "달리기라면, 전교에서 내가 최고다."

뭐야, 이게!

완전히 망쳐 버렸잖아!

7급마법급수한자

월 ◯ 일 확인 ◯

제사상에 음식이 오르니! 오를 등 登!

車道不便安全登場內

훈 오를 음 등

음식에 손댈 생각 마! 제사가 끝날 때까지!

癶 부수 (필발머리 부수)

필순에 따라 써 보세요.

총 12획

癶 登 登 登 登 登 登 登 登 登 登 登

오를 등

이렇게 쓰여요.

登 校
등 교

登 校
오를 등 학교 교 [8급]

등교: 학교에 감. "비오는 날 아침 일찍 등교 길에 나섰다."

登 山
등 산

登 山
오를 등 메 산 [8급]

등산: 산에 오름. "가벼운 등산으로 하루를 시작했더니 종일 기분이 상쾌했다."

올라가라! 오를 등!

볕 드는 땅에 마당을 만들어라! 마당 장 場!

훈 마당 음 장

土부수 (흙토 부수)

易은 陽(볕 양)이랑 같은 글자야. 易에 土(흙 토)를 붙였으니까 '볕이 드는 땅'이라는 얘기지.

車道不便安全登場內

필순에 따라 써 보세요.

총 12 획

場 場 場 場 場 場 場 場 場 場 場 場

필순

場

마당 장

場 場 場 場

場 場 場 場

이렇게 쓰여요.

場外 장 외

8급 場外 마당 장 바깥 외

장외: 어떤 구역 또는 장소의 바깥. "내가 좋아하는 타자가 오늘 장외 홈런을 쳤다."

牧場 목 장

4급 牧場 칠 목 마당 장

목장: 일정한 시설을 갖추어 소나 말, 양 따위를 놓아 기르는 곳. "목장 위의 젖소들이 한가롭게 풀을 뜯고 있다."

이 경기장으로 말할 것 같으면…

사람이 안으로 들어가니! 안 내 內!

안으로 들어가는 중이야.

內

훈 안 음 내

入부수 (들입 부수)

필순에 따라 써 보세요.

총 4획

內 內 內 內

안 내

이렇게 쓰여요.

國內 — 국 내 / 國內 — 나라 국, 안 내 (8급)

국내: 나라 안. "국내 처음으로 인공위성이 발사되었다."

年內 — 연 내 / 年內 — 해 년, 안 내 (8급)

연내: 올해 안. "섬과 육지를 잇는 다리가 연내에 완성될 예정이다."

안으로 들어가라!

안 내!

36

차도

車道
수레 차 길 도

車道 車道 車道 車道
車道 車道 車道 車道

차도 : 차가 다니는 길.

불편

不便
아닐 불 편할 편

不便 不便 不便 不便
不便 不便 不便 不便

불편 : 사용하기에 편하지 않음. 몸과 마음이 편하지 않음.

불안

不安
아닐 불 편안 안

不安 不安 不安 不安
不安 不安 不安 不安

불안 : 마음이 편안하지 않고 조마조마함.

편안

便安
편할 편 편안 안

便安 便安 便安 便安
便安 便安 便安 便安

편안 : 편하고 걱정이 없음.

안전

安全
편안 안 온전 전

安全　安全　安全　安全
安全　安全　安全　安全

안전 : 사고나 재해를 당할 위험이 없는 상태.

등장

登場
오를 등 마당 장

登場　登場　登場　登場
登場　登場　登場　登場

등장 : 무대나 연단 따위에 나타남. 새로운 인물이나 사물이 세상에 나타남.

도장

道場
길 도 마당 장

道場　道場　道場　道場
道場　道場　道場　道場

도장 : 무예를 닦는 곳.

장내

場內
마당 장 안 내

場內　場內　場內　場內
場內　場內　場內　場內

장내 : 어떤 일이 진행되고 있는 장소의 안.

 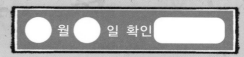

부족

不足
아닐 부 발 족
[85쪽]

不足 不足 不足 不足
不足 不足 不足 不足

부족 : 어떤 기준에 미치지 못하는 상태.

내면

內面
안 내 얼굴 면
[7급-1 36쪽]

內面 內面 內面 內面
內面 內面 內面 內面

내면 : 물건의 안쪽이나 사람의 속마음.

변소

便所
똥오줌 변 바 소
[7급-1 65쪽]

便所 便所 便所 便所
便所 便所 便所 便所

변소 : 사람이 똥이나 오줌을 눌 수 있게 만들어 놓은 곳.

자동차

自動車
스스로 자 움직일 동 수레 차
[12쪽] [7급-1 105쪽]

自動車 自動車
自動車 自動車

자동차 : 동력을 이용하여 움직이는 차.

1 다음 글을 읽고, 한자로 된 낱말의 음을 한글로 쓰세요.

(1) 고속버스를 타면 반드시 安全띠를 매야 합니다.

(2) 갑자기 고양이 한 마리가 車道로 뛰어들었습니다.

(3) 극장의 의자는 어린이에게 不便합니다.

(4) 삼촌은 國內 최고의 자동차 기술자입니다.

(5) 태권도 道場에 갈 시간입니다.

(6) 할머니께서는 화장실을 꼭 便所라고 하십니다.

(7) 경수는 달리기에서 全校 1등을 했습니다.

(8) 인터넷의 登場은 사람들의 생활을
몰라보게 변화시켰습니다.

드디어
대마왕이
나타났어.

2 다음 한자의 훈(訓 : 뜻)과 음(音 : 소리)을 쓰세요.

(1) 登 (   )   (2) 車 (   )

(3) 安 (   )   (4) 內 (   )

(5) 道 (   )   (6) 場 (   )

(7) 便 (   )   (8) 全 (   )

심화

3 다음 글에서 밑줄 친 글자를 한자로 쓰세요.

> 저는 자전거 타는 것을 좋아해요. 차도가 너무 위험해서 인도로 다니는데, 인도는 인도대로 턱이 많아서 다니기가 불편해요. 또, 다른 사람들에게 안전하지도 않고요. 그러니 시장님께서 우리 동네에 자전거 전용 도로를 만들어 주세요.

(1) 차 : ☐   (2) 도 : ☐   (3) 불 : ☐

(4) 편 : ☐   (5) 안 : ☐   (6) 전 : ☐

4 다음 밑줄 친 단어의 한자어를 보기 에서 골라 그 번호를 쓰세요.

보기

①便安   ②內面   ③國內   ④登校

(1) 하늘을 보면 편안한 느낌이 듭니다.   (   )

(2) 외면보다는 내면을 가꾸어야 합니다.   (   )

5 다음 빈칸에 공통으로 들어갈 알맞은 한자를 보기 에서 골라 그 번호를 쓰세요.

> 보기
>
> ①安 ②便 ③場 ④車

(1) (　　) 內 : 어떠한 곳이나 일정한 구역의 안.

　　道 (　　) : 무예를 닦는 곳.

(2) (　　) 所 : 사람이 똥이나 오줌을 눌 수 있게 만들어 놓은 곳.

　　不 (　　) : 사용하기에 편하지 않음. 몸과 마음이 편하지 않음.

6 다음 한자에서 ㉠획은 몇 번째 획일까요?

① 첫 번째
② 세 번째
③ 여섯 번째
④ 일곱 번째

7 다음 한자에서 ㉠획은 몇 번째 획일까요?

① 첫 번째
② 두 번째
③ 세 번째
④ 네 번째

구름을 타고 다니면
차도도 인도도
다 필요 없어.

조부는 남자,
노소는 효심!

조부남자노소효심

할아버지 산소에 비석이 보이네! **할아비 조 祖!**

사모 쓰고 혼례 올리는! **지아비 부 夫!**

밭에서 힘을 쓰니! **사내 남 男!**

아이가 혼자 서니! **아들 자 子!**

지팡이 짚고 가는! **늙을 로 老!**

작을 소에 선 하나 더해! **적을 소 少!**

자식이 노인을 업고 가니! **효도 효 孝!**

心 사람의 심장을 닮은! **마음 심 心!**

낱말을 만들어 봐!
男子, 老少, 孝子, 孝心!

기력의 돌

연로(年老), 기력(氣力)

그런데 이 마을에는 왜 남자(男子) 어른들이 하나도 안 보이죠?

불불단이 들이닥쳐 인부(人夫)로 부려먹겠다고 마을 남자(男子)들을 모두 잡아갔어. 그래서 노인(老人)과 소년(少年), 소녀(少女)밖에 안 남았단다.

불불단 이요?

이 아이의 아빠와 삼촌(三寸)도 잡혀갔다네.

할머니, 불불단이 있는 곳을 아세요?

그건 내가 잘 알아. 불불단 컴퓨터로 접속할 수 있어. 이래 봬도 내가 컴퓨터 박사잖아.

불불단 기지로 가려면 어떻게 해야 하지?

비밀 통로가 있어. 악마의 섬과 우리 도시를 연결하는.

정말? 거기가 어딘데? 나를 거기로 데려다 줘!

45

남자(男子), 인부(人夫), 노인(老人)
소년(少年), 소녀(少女), 삼촌(三寸)

할아버지 산소에 비석이 보여! 할아비 조 祖!

祖
夫
男
子
老
少
孝
心

훈 할아비 음 조

示부수 (보일시 부수)

示(보일 시)는 보인다는 뜻이고, 且는 비석처럼 생겼잖아?

 필순에 따라 써 보세요.

총 10획

祖 祖 祖 祖 祖 祖 祖 祖 祖 祖

필순		
祖	祖	祖
	할아비 조	할아비 조
할아비 조	祖	祖
	할아비 조	할아비 조
祖	祖	祖	祖
祖	祖	祖	祖

 이렇게 쓰여요.

祖 父	8급 祖 父
조 부	할아비 조 아비 부

조부: 할아버지. "조부께서 서울을 떠나 이 마을에 자리 잡으신 지 올해로 오십 년이 지났다."

先 祖	8급 先 祖
선 조	먼저 선 할아비 조

선조: 먼 윗대의 조상. "난생 처음으로 선조를 모신 사당에 가 봤다."

할아버지를 공격해!

46

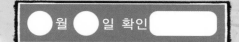

마법급수한자

사모 쓰고 혼례 올리는! 지아비 부 夫!

夫

훈 **지아비** 음 **부**

大부수 (큰대 부수)

지아비란, 남편이라는 뜻이야.

夫는 '남편'만 아니라 '어른 남자'들을 가리킬 때도 써.

祖夫男子老少孝心

🖐 필순에 따라 써 보세요.

총 4 획

夫 夫 夫 夫

필순

夫

지아비 부

夫	夫
지아비 부	지아비 부
夫	夫
지아비 부	지아비 부

夫	夫	夫	夫
夫	夫	夫	夫

😲 이렇게 쓰여요.

人 夫
인 부

8급
人 夫
사람 인 지아비 부

인부: 품삯을 받고 일하는 사람. "한여름에 인부들이 구슬땀을 흘리며 짐을 옮기고 있다."

夫 婦
부 부

4급
夫 婦
지아비 부 아내 부

부부: 남편과 아내. "엄마와 아빠는 우리 동네에서 소문난 잉꼬 부부예요."

농부들은 어디에 갔을까? 곡식이 다 말라 죽어 가네.

그러게.

47

밭에서 힘을 쓰니! 사내 남 男!

祖夫**男**子老少孝心

男
훈 사내 음 남

田부수 (밭전 부수)

밭 전(田) 위에서
힘 력(力) 자를 써서
일하는 중이야.
그러니까 난 남자!

필순에 따라 써 보세요.

총 7획

男 男 男 男 男 男 男

필순

男
사내 남

男	男
사내 남	사내 남
男	男
사내 남	사내 남

男 男 男 男

男 男 男 男

이렇게 쓰여요.

男 女	男 女
남 녀	사내 남 계집 녀

8급

남녀: 남자와 여자. "우리 담임 선생님은 남녀 차별을 전혀 안 하신다."

男 兒	男 兒
남 아	사내 남 아이 아

5급

남아: 남자 아이. "나는야 씩씩한 대한의 남아!"

오공, 남자끼리
하는 말인데 말이야.

대체
뭔데 그래?

아이가 혼자 서니! 아들 자 子!

훈 **아들** 음 **자**

子부수 (아들자 부수)

까르르.

祖夫男子老少孝心

필순에 따라 써 보세요.

총 3획

子 了子

아들 자

이렇게 쓰여요.

子女 / 자 녀

8급 子女 / 아들 자 · 계집 녀

자녀: 아들과 딸. 자식. "어머니의 자녀 교육에 대한 열정이 오늘날의 그를 있게 했다."

王子 / 왕 · 자

8급 王子 / 임금 왕 · 아들 자

왕자: 왕의 아들. "왕자는 거지와 옷을 바꿔 입고 궁궐 밖으로 나갔다."

삼장은 내 친자식 같은 아이지.

아무렴.

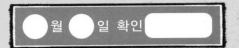

지팡이 짚고 가는! 늙을 로 老!

애고, 힘들어.
빨리 차를 한 대
사든가 해야지.

祖夫男子**老**少孝心

老

훈 늙을 음 로(노)

老부수 (늙을로 부수)

필순에 따라 써 보세요.

총 6획

老 老 老 老 老 老

필순

늙을 로(노)

老	老
늙을 로(노)	늙을 로(노)
老	老
늙을 로(노)	늙을 로(노)

老	老	老	老
老	老	老	老

이렇게 쓰여요.

老	人
노	인

8급

老	人
늙을 로	사람 인

노인: 나이가 들어 늙은 사람. "우리나라는 예로부터 노인을 공경하도록 가르쳐 왔다."

年	老
연	로

8급

年	老
해 년	늙을 로

연로: 나이가 들어서 늙음. "연로하신 몸으로 그 먼 거리를 걸어서 가셨다."

노인을
얕잡아 본 죄다.

고얀 놈

잘못했어요!

작을 소에 선 하나 더해! 적을 소 少!

훈 적을(젊을) 음 소

小부수 (작을소 부수)

이 빵은 너무 작아〔작을 小〕.

둘이 먹기에는 너무 적어〔적을 少〕.

祖 夫 男 子 老 少 孝 心

필순에 따라 써 보세요.

총 4획

丿 小 小 少

필순

적을(젊을) 소

이렇게 쓰여요.

| 多 | 少 | | 6급 多 | 少 |
| 다 | 소 | | 많을 다 | 적을 소 |

다소: 많고 적음. "다소의 차이는 있지만, 모두가 승리하는 데 공을 세웠다."

| 少 | 年 | | 8급 少 | 年 |
| 소 | 년 | | 젊을 소 | 해 년 |

소년: 나이가 어린 사내아이. "그 소년은 나이답지 않게 의젓했다."

음식이 이게 다야?

너무 적어!

더 가져와!

자식이 노인을 업고 가니! 효도 효 孝!

祖夫男子老少孝心

훈 **효도** 음 **효**

子부수 (아들자 부수)

이렇게 늙어서 아들의 등에 업히니, '孝' 자(字)와 모양이 같구나.

'孝' 자(字)처럼만 하면 그게 효도 아니겠어요?

😊 **필순에 따라 써 보세요.**

총 7획

孝 孝 孝 孝 孝 孝 孝

필순

효도 효

😠 **이렇게 쓰여요.**

孝 女
효 녀

孝 女 [8급]
효도 효 계집 녀

효녀: 부모를 잘 모시는 딸. "심청은 효녀 중의 효녀였다."

孝 行
효 행

孝 行 [6급]
효도 효 다닐 행

효행: 부모를 잘 모시는 일. "그 소녀의 효행에 관한 얘기가 임금의 귀에까지 들어갔다."

저희의 불효를 용서해 주세요.

앞으로는 효자, 효녀가 되겠습니다.

오냐.

사람의 심장을 닮은! 마음 심 心!

월 일 확인

心

훈 마음 음 심

心부수 (마음심 부수)

心

옛날에도 심장이 어떻게 생겼
는지 알고 있었다는 얘기지.

祖夫男子老少孝 心

필순에 따라 써 보세요.

총 4획

心 心 心 心

필순		
	心	心
心	마음 심	마음 심
	心	心
마음 심	마음 심	마음 심
心	心	心 心
心	心	心 心

이렇게 쓰여요.

人心
인 심

[8급]
人心
사람 인 마음 심

인심: 사람의 마음. "그 집 인심 한번 고
약하구나!" "아저씨는 인심 좋기로 소문이
났다."

心身
심 신

[6급]
心身
마음 심 몸 신

심신: 몸과 마음. "땀을 흘린 후에 목욕을
하니 심신이 날아갈 듯 가벼웠다."

묻어 줬더니
마음이 한결
편해졌어.

남자

男子
사내 남 아들 자

男子　男子　男子　男子
男子　男子　男子　男子

남자 : 남성으로 태어난 사람.

노소

老少
늙을 로 적을(젊을) 소

老少　老少　老少　老少
老少　老少　老少　老少

노소 : 늙은 사람과 젊은 사람.

효자

孝子
효도 효 아들 자

孝子　孝子　孝子　孝子
孝子　孝子　孝子　孝子

효자 : 부모를 잘 섬기는 아들.

효심

孝心
효도 효 마음 심

孝心　孝心　孝心　孝心
孝心　孝心　孝心　孝心

효심 : 효도하는 마음.

효도

孝道

효도 효 길 도

효도 : 부모를 잘 섬기는 도리.

불효

不孝

아닐 불 효도 효

불효 : 부모를 잘 섬기지 않고, 자식의 도리를 하지 않음.

안심

安心

편안 안 마음 심

안심 : 걱정을 모두 버리고 마음을 편히 가짐.

전심

全心

온전 전 마음 심

전심 : 온 마음.

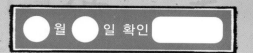
내심

36쪽

内心
안 내 마음 심

内心 内心 内心 内心

内心 内心 内心 内心

내심 : 겉으로 드러내지 않는 속마음.

공부

66쪽

工夫
장인 공 지아비 부

工夫 工夫 工夫 工夫

工夫 工夫 工夫 工夫

공부 : 지식이나 기술 등을 배우고 익힘.

조상

98쪽

祖上
할아비 조 위 상

祖上 祖上 祖上 祖上

祖上 祖上 祖上 祖上

조상 : 돌아가신 윗대의 어른들.

소시

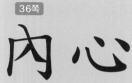
7급-1 18쪽

少時
적을(젊을) 소 때 시

少時 少時 少時 少時

少時 少時 少時 少時

소시 : 젊었을 때.

1 다음 글을 읽고, 한자로 된 낱말의 음을 한글로 쓰세요.

(1) 옆집 男子 아이와 한 반이 되었습니다.

(2) 자네의 祖父와 나는 한 동네에서 자랐다네.

(3) 심청의 孝心은 하늘도 감동시켰습니다.

(4) 王子는 궁궐 바깥이 궁금했습니다.

(5) 夫婦가 함께 여행을 떠났습니다.

 부

(6) 우리 先祖 가운데는 훌륭한 분이 많다고 합니다.

(7) 人夫들이 구슬땀을 흘리며 일하고 있습니다.

이렇게 보니 남자, 여자, 늙은이, 젊은이가 한자리에 모였구나.

(8) 월드컵 응원에는 男女老少가 따로 없었습니다.

2 다음 한자의 훈(訓 : 뜻)과 음(音 : 소리)을 쓰세요.

(1) 夫 (   )   (2) 心 (   )

(3) 祖 (   )   (4) 男 (   )

(5) 少 (   )   (6) 子 (   )

(7) 孝 (   )   (8) 老 (   )

3 다음 음과 뜻에 알맞은 한자를 보기 에서 찾아 그 번호를 쓰세요.

보기

①孝   ②心   ③老   ④祖
⑤夫   ⑥男   ⑦子   ⑧少

(1) 할아비 조 (   )   (2) 늙을 로   (   )
(3) 적을 소   (   )   (4) 지아비 부 (   )
(5) 마음 심   (   )   (6) 사내 남   (   )
(7) 효도 효   (   )   (8) 아들 자   (   )

4 다음 밑줄 친 단어의 한자어를 보기 에서 골라 그 번호를 쓰세요.

보기

①心   ②男   ③少   ④孝

(1) (   )子 : 부모를 잘 섬기는 아들.
    (   )心 : 효도하는 마음.
(2) 內(   ) : 겉으로 드러내지 않는 속마음.
    安(   ) : 마음을 편안히 가짐.

월 ● 일 확인

5 다음 글에서 밑줄 친 글자를 한자로 쓰세요.

남자들이 모두 전쟁터로 떠난 뒤로 마을에는 노인과 여자, 어린이만 남았습니다. 소녀는 매일 아침 아버지를 위해 기도드렸습니다. 추운 겨울이 지나고, 새봄이 찾아왔습니다. 하늘도 소녀의 효심을 헤아렸는지 마침내 전쟁이 끝나고, 아버지께서 건강한 모습으로 돌아오셨습니다.

(1) 남 : ☐   (2) 자 : ☐   (3) 노 : ☐

(4) 소 : ☐   (5) 효 : ☐   (6) 심 : ☐

6 다음 한자에서 ㉠획은 몇 번째 획일까요?

① 다섯 번째
② 여섯 번째
③ 일곱 번째
④ 여덟 번째

7 다음 한자에서 ㉠획은 몇 번째 획일까요?

① 첫 번째
② 두 번째
③ 세 번째
④ 네 번째

少에는 두 가지 뜻이 있어.
'多少'라고 할 때에는
'적다'라는 뜻. '老少'라고
할 때에는 '어리다'라는 뜻이지!

아래 한자들은 이 책에 나오는 한자 가운데 필순에 주의해야 할 것들입니다.
아래의 순서를 잘 기억해서 필순대로 쓰는 연습을 합시다.

左와 右는 비슷하게 생겼는데, 왜 쓰는 순서가 다르죠?

男 男 男 **사내 남** | 아래 力의 필순에 유의하세요.

心 心 心 心 **마음 심** | 오른쪽 위의 점 두 개는 마지막에 씁니다.

道 道 道 道 道 **길 도** | 首를 먼저 쓰고 辶을 나중에 씁니다. 辶은 4획짜리 부수입니다.

登 登 登 登 登 **오를 등** | 癶의 필순은 통일되어 있지 않지만, 옆의 순서대로 기억해 두세요.

内 内 内 内 **안 내** | 바깥쪽부터 써 나갑니다. 南이나 西와 마찬가지입니다.

家 家 家 家 家 家 家 **집 가** | 豕의 필순에 유의하세요.

來 來 來 來 來 **올 래** | 來는 중간의 작은 人(사람 인)을 쓰고 나서, 木(나무 목)을 마저 씁니다.

左 **왼 좌** 右 **오른 우** | 左 가로 右 세로! 左는 가로획부터, 右는 세로획부터 씁니다.

그건 左는 세로가 길고 右는 가로가 길어서 그래. 보통 짧은 획을 먼저 쓰고 긴 획을 나중에 쓰거든.

전화 공사
식가기사 공간!

전화공식가기사공간

 비 올 때는 번개 조심! **번개 전 電!**

 혀를 놀려 말을 하니! **말씀 화 話!**

 옆으로 세우면 H가 되는! **장인 공 工!**

 사람은 먹는 게 좋아! **먹을 식 食!**

 집집마다 돼지를 키우네! **집 가 家!**

 말씀을 몸에 새겨라! **기록할 기 記!**

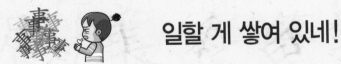 일할 게 쌓여 있네! **일 사 事!**

 텅 빈 구멍에 장인 공만 달랑! **빌 공 空!**

 문 사이로 해가 보인다! **사이 간 間!**

낱말을 만들어 봐!
電話, 工事, 食事, 家事,
記事, 家電, 空間,
間食!

지하 통로

이런 곳에 길이 있단 말이지?

저 맨홀 뚜껑을 열고 밑으로 내려가면 지하(地下) 통로가 나올 거야.

너 휴대폰 있지? 불불단 기지까지 가려면 길이 복잡할 테니 내가 전화(電話)로 알려 줄게.

그래, 고마워!

으스스한데.

지하에 탁 트인 공간(空間)이 나왔어. 길이 여러 개인데 어디로 가야 하지?

오른쪽 길로 가.

불불단 군인(軍人)들이 지키고 있는 통로가 보이니?

냠냠냠.

쩝쩝.

응, 식사 중이네.

자장면은 아무리 먹어도 질리지 않아. 그치?

응, 매일 이것만 먹었으면 좋겠어.

지하(地下), 전화(電話)
공간(空間), 군인(軍人)

거기서 우(右)로 한 번, 좌(左)로 두 번, 다시 우(右)로 한 번 꺾어지면 기지 입구가 나타날 거야.

입구(入口) 가까이에 왔는데, 들어가기가 쉽지 않겠어.

빨리빨리 좀 해!

무슨 공사(工事)를 하고 있는데, 군인들이 총을 겨눈 채 사람들에게 일을 시키고 있어.

시간이 없다! 빨리 움직여!

탄약

폭발물

사람들?

응, 너희 마을 사람들이 아닐까?

잠깐, 이렇게 생긴 사람이 있는지 찾아봐. 사진을 보낼 테니.

전송완료

맞아, 있어!

아이고!

헉헉

우리 아빠랑 삼촌이야!

우(右), 좌(左), 입구(入口), 공사(工事)

비 올 때는 번개 조심! 번개 전 電!

電話工食家記事空間

電
훈 번개   음 전

雨부수 (비우 부수)

번개는 비 올 때 치잖아. 그래서 번개 전(電) 속에는 비 우(雨) 자가 들어 있지.

필순에 따라 써 보세요.

총 13획

電 電 電 電 電 電 電 電 電 電 電 電 電

필순

電
번개 전

번개 전

번개 전

번개 전

번개 전

번개 전

電 電 電 電

電 電 電 電

이렇게 쓰여요.

發 電
발   전

6급
發 電
필 발   번개 전

발전: 전기를 만들어 내는 일. "발전소에는 수력 발전소, 화력 발전소, 원자력 발전소 등이 있다."

充 電
충   전

5급
充 電
채울 충   번개 전

충전: 전지에 전기를 채워 넣는 일. "휴대폰 충전을 해야 한다.""지친 몸을 충전하면서 연휴를 보냈다."

내리쳐라! 번개 전!

으아아아아!

혀를 놀려 말을 하니! 말씀 화 話!

훈 말씀 음 화

言부수 (말씀언 부수)

話는 言(말씀 언)과 舌(혀 설)이 합쳐진 글자야.

電話工食家記事空間

😛 필순에 따라 써 보세요.

총 13획

話 話 話 話 話 話 話 話 話 話 話 話 話

필순

말씀 화

話	話
말씀 화	말씀 화
話	話
말씀 화	말씀 화

話	話	話	話

😝 이렇게 쓰여요.

對話	6급 對話
대 화	대할 대 말씀 화

대화 : 서로 마주 대하여 이야기를 주고 받음. 주고받은 이야기. "대화의 실마리가 풀렸다."

童話	6급 童話
동 화	아이 동 말씀 화

동화 : 어린이에게 들려주거나 읽히려고 지은 이야기. "쟤는 동화책만 펼치면 시간 가는 줄 몰라."

으! 무슨 말인지 모르겠어.

쟤랑은 도무지 대화가 안 돼요!

옆으로 세우면 H가 되는! 장인 공 工!

電話工食家記事空間

훈 장인 음 공

工부수 (장인공 부수)

오! 이 글자,
나도 알아요!
H!

필순에 따라 써 보세요.

총 3획

工 工 工

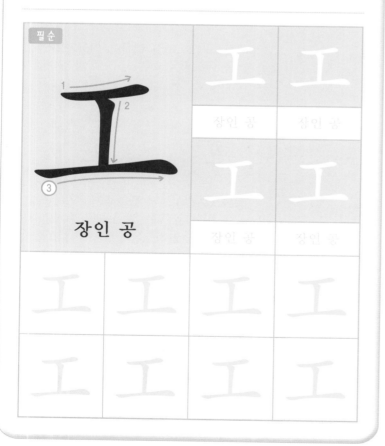

장인 공

이렇게 쓰여요.

인 공

8급
사람 인 장인 공

인공: 자연의 것을 사람의 손으로 바꾸어 놓는 일. "우리 도시에 인공 호수가 만들어졌다."

공 학

8급
장인 공 배울 학

공학: 공업에 이용되는 과학 기술을 연구하는 학문. "나는 커서 로봇을 만드는 공학자가 될 거야."

공사 5일째.

사람은 먹는 게 좋아! 먹을 식 食!

훈 먹을 음 식

食부수 (먹을식 부수)

먹는 것만큼
즐거운 일은 없어!

食은 人(사람 인)과
良(좋을 양)이
합쳐진 글자야.

電話工食家記事空間

😄 **필순에 따라 써 보세요.**

총 9획

食 食 食 食 食 食 食 食 食

필순

먹을 식

😎 **이렇게 쓰여요.**

食堂
식　당

6급
食堂
먹을 식　집 당

식당: 음식을 먹을 수 있게 만든 장소나 가게. "이 식당은 두부찌개가 정말 맛있어."

小食
소　식

8급
小食
작을 소　먹을 식

소식: 음식을 적게 먹음. "건강을 위해 소식을 하기로 했어."

아, 다 먹었다!

집집마다 돼지를 키우네! 집 가 家!

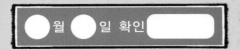
월 일 확인

電話工食家記事空間

家
훈 집 음 가

宀 부수 (갓머리/집면 부수)

너희 집은 지붕(宀) 아래 돼지(豕)가 몇 마리니?

응, 나 혼자야.

 필순에 따라 써 보세요.

총 10획

家 家 家 家 家 家 家 家 家 家

필순

家
집 가

| 家 집 가 | 家 집 가 |
| 家 집 가 | 家 집 가 |

| 家 | 家 | 家 | 家 |
| 家 | 家 | 家 | 家 |

이렇게 쓰여요.

家長
가 장

家長 [8급]
집 가 어른 장

가장: 한 가정을 이끌어 가는 사람. "아버지께서 돌아가신 뒤로는 형이 줄곧 가장 노릇을 했다."

外家
외 가

外家 [8급]
바깥 외 집 가

외가: 어머니의 친정. 외갓집. "여름 방학을 맞아 외가가 있는 부산에 내려갔다."

이 집
저 집
비교되네!

말씀을 몸에 새겨라! 기록할 기 記!

記
훈 기록할 음 기

言부수 (말씀언 부수)

말씀을 몸에 새기라며!

그래서 몸[己]에다 말씀 언[言] 자를 새겼지.

필순에 따라 써 보세요.

총 10 획

記 記 記 記 記 記 記 記 記 記

필순

記
기록할 기

이렇게 쓰여요.

記者
기 자

記者 [6급]
기록할 기 놈 자

기자: 신문, 잡지, 방송 따위에 실을 기사를 쓰거나 편집하는 사람. "기자가 되려고 지금부터 글 쓰는 연습을 하고 있어."

速記
속 기

速記 [6급]
빠를 속 기록할 기

속기: 사람이 하고 있는 말을 빠르게 옮겨 적는 일. "국회에서 하는 말은 속기사들에 의해 빠짐없이 기록된다."

기록 해라!

기록할 기!

일할 게 쌓여 있네! 일 사 事!

電話工食家記事空間

훈 일   음 사

ㅣ 부수 (갈고리궐 부수)

어휴!
일 사(事) 자가
쌓여 있네!

😄 필순에 따라 써 보세요.

총 8획

事 事 事 亨 亨 享 享 事

필순

일 사

일 사   일 사

일 사   일 사

😲 이렇게 쓰여요.

國事
국   사

8급

國 事
나라 국   일 사

국사: 나라에 관한 중대한 일. 나랏일. "왕은 단 하루도 국사를 돌보는 일을 게을리하지 않았다."

萬事
만   사

8급

萬 事
일만 만   일 사

만사: 모든 일. "졸리니까 만사가 귀찮아." "창수는 학교에서 돌아오자마자 만사 제쳐 놓고 컴퓨터부터 켰다."

일은 잘
돼 가오?

급 마법급수한자

텅 빈 구멍에 장인 공만 달랑! 빌 공 空!

空
훈 빌 음 공

穴부수 (구멍혈 부수)

구멍 속에 장인 공(工)이 있네.

空은 穴(구멍 혈)과 工(장인 공)이 합쳐진 글자야.

電話工食家記事空間

필순에 따라 써 보세요.

총 8획

空 空 空 空 空 空 空 空

필순

空
工
빌 공

이렇게 쓰여요.

空	白	空	白
공	백	빌 공	흰 백
		8급	

공백: 책, 신문 등에서 글, 그림 등이 있어야 할 자리가 비어 있는 상태. "지면의 공백을 다른 기사로 메웠다."

空	中	空	中
공	중	빌 공	가운데 중
		8급	

공중: 하늘과 땅 사이의 빈 곳. 하늘. "새가 먹이를 낚아채자마자, 공중으로 높이 날아올랐다."

우물 속이 텅 비었다고?

문 사이로 해가 보인다! 사이 간 間!

電話工食家記事空間

훈 사이 음 간

門부수 (문문 부수)

문 문(門) 자 사이로
날 일(日) 자가
보이니?

필순에 따라 써 보세요.

총 12획

間間間間間間間間間間間間

필순

사이 간

이렇게 쓰여요.

중간: 두 장소 사이의 가운데 위치. 등급의 가운데. 어떤 일이 진행되고 있는 사이. "가만히 있으면 중간이나 가지!"

민간: 사회의 일반 대중들 사이. "군인과 민간인이 힘을 합쳐 물난리를 이겨 냈다."

우리, 사이좋게 지내자!

애는 누구?

그러게.

72

전화

電話
번개 전 말씀 화

電話 電話 電話 電話
電話 電話 電話 電話

전화 : 전화기를 이용해서 말을 주고받는 일. 전화기.

공사

工事
장인 공 일 사

工事 工事 工事 工事
工事 工事 工事 工事

공사 : 건물, 다리, 길 등을 짓거나 놓거나 고치는 일.

식사

食事
먹을 식 일 사

食事 食事 食事 食事
食事 食事 食事 食事

식사 : 사람이 끼니로 음식을 먹는 일. 끼니가 되는 음식.

가사

家事
집 가 일 사

家事 家事 家事 家事
家事 家事 家事 家事

가사 : 집안에서 밥을 짓거나 빨래하거나 청소하거나 하는 일.

기사

記事
기록할 기 일 사

記事 記事 記事 記事
記事 記事 記事 記事

기사 : 신문이나 잡지에 실어 어떤 소식이나 사실을 알리는 글.

공간

空間
빌 공 사이 간

空間 空間 空間 空間
空間 空間 空間 空間

공간 : 어느 장소에서 물체나 물건이 없이 비어 있는 곳.

가전

家電
집 가 번개 전

家電 家電 家電 家電
家電 家電 家電 家電

가전 : 집에서 사용하는 전기 제품. 가전제품의 준말.

간식

間食
사이 간 먹을 식

間食 間食 間食 間食
間食 間食 間食 間食

간식 : 끼니와 끼니 사이에 음식을 먹음. 그렇게 먹는 음식.

공장

35쪽

工場

장인 공 마당 장

工場 工場 工場 工場
工場 工場 工場 工場

공장 : 기계를 이용하여 물건을 만들어 내는 곳.

식구

7급-1 30쪽

食口

먹을 식 입 구

食口 食口 食口 食口
食口 食口 食口 食口

식구 : 한집에 살면서 끼니를 같이하는 사람.

가구

7급-1 30쪽

家口

집 가 입 구

家口 家口 家口 家口
家口 家口 家口 家口

가구 : 가족을 이루거나 혼자 또는 여럿이 사는 한 단위의 집.

전기

7급-1 102쪽

電氣

번개 전 기운 기

電氣 電氣 電氣 電氣
電氣 電氣 電氣 電氣

전기 : 빛, 열, 동력 등을 일으키는 에너지.

1 다음 글을 읽고, 한자로 된 낱말의 음을 한글로 쓰세요.

(1) 그 가게는 電話통에 불이 날 정도로 장사가 잘 됩니다.

(2) 학교 옆에서 工事를 해서 하루 종일 시끄럽습니다.

(3) 食事 후에는 반드시 양치질을 합시다.

(4) 家事를 돌보는 일은 보기보다 어렵습니다.

(5) 이 신문 記事 속에는 내 이름도 나옵니다.

(6) 집안에 空間이 부족해서 헌 가구를 버렸습니다.

(7) 텔레비전, 냉장고, 세탁기 등을 家電제품이라고 합니다.

(8) 엄마가 間食으로 떡볶이를 해 주셨습니다.

역시
고기가 최고지.

냠
냠

2 다음 한자의 훈(訓: 뜻)과 음(音: 소리)을 쓰세요.

(1) 家 ( )   (2) 話 ( )

(3) 食 ( )   (4) 間 ( )

(5) 事 ( )   (6) 記 ( )

(7) 工 ( )   (8) 空 ( )

3 다음 글에서 밑줄 친 글자를 한자로 쓰세요.

> 우리 집 전화가 고장 나서 어머니께서 전화국에 신고를 했습니다. 전화국에서는 집 주변에서 하는 공사 때문에 잠깐 전화가 안 되는 것이라고 했습니다. 초저녁에는 고쳐질 것이라고 했는데, 정말 저녁 식사를 마칠 쯤에는 전화가 다시 되었습니다.

(1) 전 : ☐   (2) 화 : ☐   (3) 공 : ☐

(4) 사 : ☐   (5) 식 : ☐

4 보기에서 알맞은 한자를 골라 그 번호를 쓰세요.

보기

①語 ②記 ③空 ④家

(1) 話와 뜻이 비슷한 한자는 ( )

(2) 工과 음이 같은 한자는 ( )

5 다음 밑줄 친 단어의 한자어를 보기 에서 골라 그 번호를 쓰세요.

보기

①王子　②中間　③食事　④空中

(1) 우리 집은 학교와 병원의 중간에 있습니다.　　　　（　　）

(2) 풍선이 공중으로 날아가 버렸습니다.　　　　　　（　　）

(3) 왕자님은 공주님과 함께 산책을 합니다.　　　　　（　　）

(4) 배가 무척 고프니 식사를 합시다.　　　　　　　（　　）

6 다음 한자에서 ㉠획은 몇 번째 획일까요?

① 첫 번째
② 다섯 번째
③ 여섯 번째
④ 일곱 번째

7 다음 한자에서 ㉠획은 몇 번째 획일까요?

① 다섯 번째
② 여섯 번째
③ 일곱 번째
④ 여덟 번째

事 자가 들어가는
말에 대해 알아보자.
공사, 가사, 기사,
국사, 농사, 인사 등.

가수 기수가
수족 색휴지!

가기수족색휘지

 노래할 땐 하품하듯 입 크게 벌려!   노래 **가** 歌!

 바람 부는 방향으로 깃발이 휘날려!   기 **기** 旗!

 손바닥 펼쳐!   손 **수** 手!

 두 발로 걷는!   발 **족** 足!

 색안경을 꼈다, 빛깔이 어때!   빛 **색** 色!

 사람이 나무 옆에서 쉬니!   쉴 **휴** 休!

 실을 짜서 만든!   종이 **지** 紙!

낱말을 만들어 봐!
歌手, 旗手, 手足,
色紙, 休紙, 手旗!

가수와 기수

모두 고생이 많다. 드디어 우리 불불 단을 위한 노래가 만들어졌다.

이름하여 불불가!

불불가? 와! 정말 멋진 이름이야.

이 중에서 노래를 제일 잘하는 사람이 누구냐?

저기 인부들 가운데 가수(歌手)가 있습니다.

그래? 데리고 와라.

또, 흥을 돋우려면 우리 불불 기를 흔들어야겠다. 깃발 흔들 줄 아는 사람?

저기 인부들 중에 기수(旗手)도 있답니다.

그래? 둘 다 앞으로 나와.

싫다. 너희의 더러운 노래를 부를 수는 없다!

나도 싫다. 너희의 더러운 깃발은 절대!

그래? 이래도 못 하겠단 말이지?

가수(歌手), 기수(旗手)

노래할 땐 하품하듯 입 크게 벌려! 노래 가 歌!

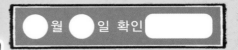
歌
旗
手
足
色
休
紙

歌

훈 노래　음 가

欠부수 (하품흠 부수)

하품 흠(欠) 자가
들어 있어서 그런가?
노래(歌)하는 데
웬 하품이….

😁 필순에 따라 써 보세요.

총 14 획

歌 歌 歌 歌 歌 歌 歌 歌 歌 歌 歌 歌 歌 歌

필순

歌

노래 가

歌	歌
노래 가	노래 가
歌	歌
노래 가	노래 가

歌	歌	歌	歌
歌	歌	歌	歌

😲 이렇게 쓰여요.

校歌
교　　가

8급
校歌
학교 교　노래 가

교가: 한 학교를 상징하여 그 학교의 특색과 이상을 담아 만든 노래. "우리 학교의 교가는 힘차고 신이 난다."

國歌
국　　가

8급
國歌
나라 국　노래 가

국가: 나라에서 정한, 그 나라를 상징하는 노래. "운동장에 애국가가 울려 퍼졌다."

우리는
노래하는 꽃!

바람 부는 방향으로 깃발이 휘날려! 기 기 旗!

旗

훈 기　음 기

方부수 (모방 부수)

깃발이 휘날리는 것을 보면 바람 부는 방(方)향을 알 수 있지.

歌旗手足色休紙

😑 **필순에 따라 써 보세요.**

총 14획

旗 旗 旗 旗 旗 旗 旗 旗 旗 旗 旗 旗 旗 旗

필순

旗

기 기

旗　旗
기 기　기 기

旗　旗
기 기　기 기

旗　旗　旗　旗

旗　旗　旗　旗

🦉 **이렇게 쓰여요.**

國旗
국　기

國旗 [8급]
나라 국　기 기

국기: 한 나라를 상징하는 기. "미국의 국기는 성조기, 한국의 국기는 태극기라고 한다."

白旗
백　기

白旗 [8급]
흰 백　기 기

백기: 흰색의 기. 항복을 표시하는 흰 기. "내가 하루 종일 졸라 대자, 결국 아빠는 백기를 드셨다."

뭣이라!

깃대로 쓰면 좋겠구나.

손바닥 펼쳐! 손 수 手!

歌旗手足色休紙

手

훈 손   음 수

手부수 (손수 부수)

手는 손바닥을 이렇게 펼친 것과 비슷하지.

🐦 필순에 따라 써 보세요.

총 4획

手 手 手 手

필순

手

손 수

🐱 이렇게 쓰여요.

수   중   손 수   가운데 중

수중: 손 안. 자기가 소유할 수 있거나 자기의 힘이 미칠 수 있는 범위. "수중에 돈 한 푼 없이 거리로 나섰다."

목   수   나무 목   손 수

목수: 나무를 깎거나 다듬어 집이나 가구 등을 만드는 사람. "아버지는 목수만큼 망치질을 잘 하셨다."

손바닥아, 펼쳐져라!

손 수!

두 발로 걷는! 발 족 足!

훈 **발** 음 **족**

足부수 (발족 부수)

난 '발'이란 뜻도 있지만, '충분하다'라는 뜻도 있어.

歌旗手足色休紙

😄 필순에 따라 써 보세요.

총 7획

足 足 足 足 足 足 足

필순

발 족

🌀 이렇게 쓰여요.

足球 족 구 / 足球 발족 공구 **6급**

족구: 발로 하는, 배구 비슷한 규칙을 가진 경기. "족구는 준비가 간단해서 점심 시간에 하기 좋다."

長足 장 족 / 長足 길장 발족 **8급**

장족: 일의 진행이 매우 빠름. "한 달 만에 8급 한자를 술술 외우다니 장족의 발전을 했구나!"

발로 뻥 차 버려!

발 족!

색안경을 꼈다, 빛깔이 어때! 빛 색 色!

歌
旗
手
足
色
休
紙

色

훈 빛 음 색

色부수 (빛색 부수)

내 색안경 어때?

나도 이제부터 색안경을 써 볼까?

필순에 따라 써 보세요.

총 6획

色 色 色 色 色 色

필순

빛 색

빛 색

빛 색

빛 색

빛 색

이렇게 쓰여요.

青 色	8급 青 色
청 색	푸를 청 빛 색

청색: 파란색. "하늘에 온통 청색 물감을 칠해 놓은 것 같아."

原 色	5급 原 色
원 색	근원 원 빛 색

원색: 본래의 색. 모든 색의 기본이 되는 색. "빨강, 노랑, 파랑 세 가지 색을 삼원색이라고 한다."

으악! 색색의 열매 폭탄이다!

사람이 나무 옆에서 쉬니! 쉴 휴 休!

歌旗手足色**休**紙

훈 쉴 음 휴

亻부수 (사람인변 부수)

休는 人(사람 인)과
木(나무 목)이 합쳐진 글자야.
사람이 나무 옆에 있으니
십중팔구 쉬고
있는 거겠지.

😝 **필순에 따라 써 보세요.**

총 6획

休 休 休 什 休 休

쉴 휴

😄 **이렇게 쓰여요.**

休	日		休	日
휴	일		쉴 휴	날 일

8급

휴일: 일요일이나 공휴일 등 일을 안 하며 쉬는 날. "휴일을 맞아 수영장이 발 디딜 틈도 없이 붐볐다."

無	休		無	休
무	휴		없을 무	쉴 휴

5급

무휴: 쉬는 날이 없음. "이 가게는 연중무휴입니다."

지금은 휴식 중!
난 쉴 휴(休) 자가
좋아.

휴!

87

실을 짜서 만든! 종이 지 紙!

歌旗手足色休紙

훈 종이 음 지

糸부수 (실사 부수)

종이〔紙〕인데 왜 실사변〔糸〕이 붙었냐고?

옛날에는 천에도 글씨를 쓰거나 그림을 그렸거든.

👹 **필순에 따라 써 보세요.**

총 10획

紙 紙 紙 紙 紙 紙 紙 紙 紙 紙

필순

종이 지

😡 **이렇게 쓰여요.**

白紙
백 지

8급
白紙
흰 백 종이 지

백지: 흰 종이. 아무것도 적지 않은 빈 종이. "답안지를 거의 백지 상태로 냈다."

韓紙
한 지

8급
韓紙
나라 한 종이 지

한지: 우리나라의 전통 종이. "한지에 붓으로 글씨를 썼다."

종이, 나와라! 종이 지!

紙

 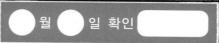

가수

歌手
노래 가　손 수

歌手　歌手　歌手　歌手
歌手　歌手　歌手　歌手

가수 : 노래 부르는 일을 직업으로 하는 사람.

기수

旗手
기 기　손 수

旗手　旗手　旗手　旗手
旗手　旗手　旗手　旗手

기수 : 군대나 단체 등의 행진 때, 앞에서 기를 들고 가는 사람.

수족

手足
손 수　발 족

手足　手足　手足　手足
手足　手足　手足　手足

수족 : 손발. 손발처럼 마음대로 부릴 수 있는 사람을 이르는 말.

색지

色紙
빛 색　종이 지

色紙　色紙　色紙　色紙
色紙　色紙　色紙　色紙

색지 : 색을 입힌 종이.

휴지

休紙
쉴 휴 종이 지

休紙 休紙 休紙 休紙
休紙 休紙 休紙 休紙

휴지 : 못 쓰게 된 종이. 밑을 닦거나 코를 푸는 데 쓰이는 종이.

수기

手旗
손 수 기 기

手旗 手旗 手旗 手旗
手旗 手旗 手旗 手旗

수기 : 신호할 때, 손에 쥐고 흔드는 작은 깃발.

편지

31쪽
便紙
편할 편 종이 지

便紙 便紙 便紙 便紙
便紙 便紙 便紙 便紙

편지 : 안부를 묻거나 소식을 전하기 위해 적어 보내는 글.

수화

65쪽
手話
손 수 말씀 화

手話 手話 手話 手話
手話 手話 手話 手話

수화 : 듣지 못하고 말하지 못하는 사람들 사이에서 손짓으로 의사를 전달하는 방법.

수공

66쪽

手工

손 수 장인 공

手工 手工 手工 手工
手工 手工 手工 手工

수공 : 손으로 하는 공예. 손으로 하는 일의 품.

동색

7급-1 17쪽

同色

한가지 동 빛 색

同色 同色 同色 同色
同色 同色 同色 同色

동색 : 같은 색깔.

지면

7급-1 36쪽

紙面

종이 지 얼굴 면

紙面 紙面 紙面 紙面
紙面 紙面 紙面 紙面

지면 : 종이의 겉면. 글이나 기사가 실린 종이의 면.

답지

7급-1 53쪽

答紙

대답할 답 종이 지

答紙 答紙 答紙 答紙
答紙 答紙 答紙 答紙

답지 : 답을 쓰도록 된 종이. 답안지.

1 다음 글을 읽고, 한자로 된 낱말의 음을 한글로 쓰세요.

(1) 영주와 나는 좋아하는 歌手가 똑같습니다.

(2) 태극기를 든 旗手가 대열의 맨 앞에 섰습니다.

(3) 군졸들은 죄인의 手足을 단단히 묶었습니다.

(4) 공원에서 休紙를 주워 쓰레기통에 버렸습니다.

(5) 졸업생들이 모두 함께 校歌를 불렀습니다.

(6) 그는 조선 최고의 木手였습니다.

(7) 너는 靑色이 제일 잘 어울려.

오공아!
이제 우리 그만
白旗를 들까?

(8) 더 이상 버틸 수 없게 되자, 적들은 白旗를 들었습니다.

2 다음 한자의 훈(訓 : 뜻)과 음(音 : 소리)을 쓰세요.

(1) 足 (   ) (2) 歌 (   )

(3) 紙 (   ) (4) 手 (   )

(5) 色 (   ) (6) 旗 (   )

(7) 休 (   )

3 다음 음과 뜻에 알맞은 한자를 보기 에서 찾아 그 번호를 쓰세요.

> 보기
>
> ①紙 ②旗 ③歌 ④手 ⑤足 ⑥色

(1) 종이 지   (   ) (2) 노래 가   (   )

(3) 기 기   (   ) (4) 발 족   (   )

(5) 손 수   (   ) (6) 빛 색   (   )

4 다음 음과 뜻에 알맞은 한자를 보기 에서 찾아 그 번호를 쓰세요.

> 보기
>
> ①歌 ②紙 ③休 ④色

(1) (   )日 : 일을 안 하고 쉬는 날.

(2) 韓(   ) : 우리나라의 전통 종이.

(3) (   )手 : 노래를 부르는 것이 직업인 사람.

(4) 靑(   ) : 파란색.

5 다음 글에서 밑줄 친 글자를 한자로 쓰세요.

> 축제는 시가행진으로부터 시작되었습니다. 맨 앞에 오방기를 든 기수들이 지나갔습니다. 그 뒤로 자동차 위에서 인기 가수가 노래를 불렀습니다. 하늘에서 색지가 쏟아졌습니다. 행진이 끝난 뒤에 나와 친구들은 거리에 떨어진 휴지를 주웠습니다.

(1) 기 : □   (2) 수 : □   (3) 가 : □

(4) 색 : □   (5) 지 : □   (6) 휴 : □

6 다음 중에서 필순(筆順 : 쓰는 순서)이 올바른 것은?

① ㄱ—ㄴ—ㄷ—ㄹ—ㅁ—ㅂ
② ㄱ—ㄴ—ㄷ—ㄹ—ㅂ—ㅁ
③ ㄱ—ㄴ—ㄹ—ㅂ—ㅁ—ㄷ
④ ㄱ—ㄴ—ㄹ—ㅁ—ㅂ—ㄷ

7 다음 한자에서 ㉠획은 몇 번째 획일까요?

① 세 번째
② 네 번째
③ 다섯 번째
④ 여섯 번째

手 자로 끝나는 말을 찾아볼까? 가수, 목수….

야구 경기의 선수, 투수, 포수….

94

상하좌우전후에
내세!

상하좌우전후내세

 위로 삐죽! **위 상** 上!

 아래로 삐죽! **아래 하** 下!

 왼손으로 공구를 잡아! **왼 좌** 左!

 오른손은 입으로 향해! **오른 우** 右!

 칼을 들고 앞으로 나아가는! **앞 전** 前!

 앞에 가는 두 사람 뒤따라가는! **뒤 후** 後!

 나무 뒤에 사람 둘이 온다! **올 래** 來!

 나이 삼십이면 세상을 알아! **세상 세** 世!

낱말을 만들어 봐!
上下, 左右, 前後,
來世, 世上, 後世!

위〔上〕, 아래〔下〕, 왼쪽〔左〕, 오른쪽〔右〕

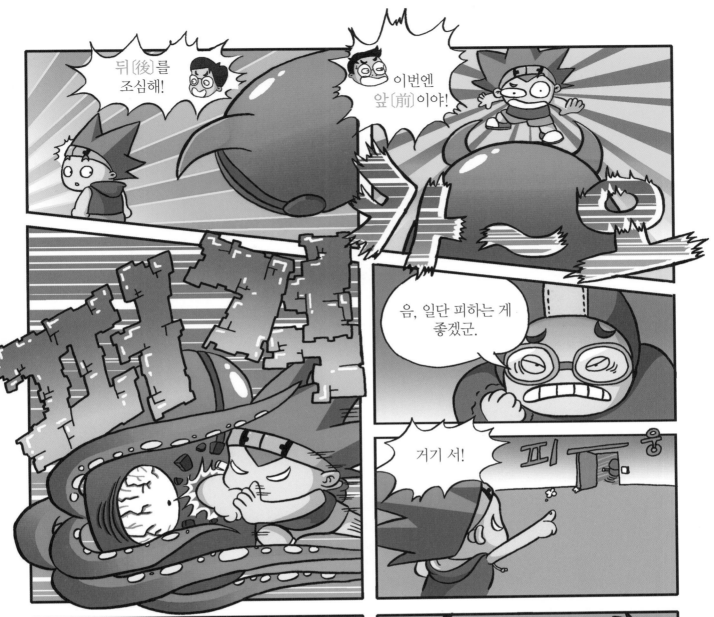

뒤〔後〕, 앞〔前〕

위로 삐죽! 위 상 上!

上
下
左
右
前
後
來
世

훈 위 음 상

一부수 (한일 부수)

한 일(一) 위로
삐죽 올라간 것이
위 상!

😤 필순에 따라 써 보세요.

총 3획

丨 上 上

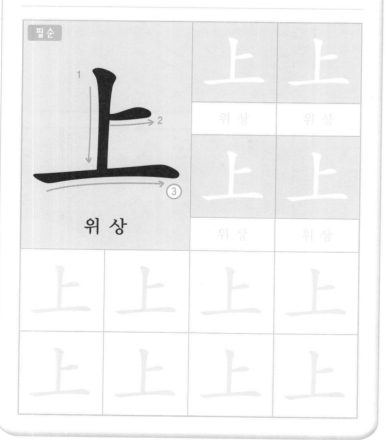

필순

위 상

위 상   위 상

위 상   위 상

😊 이렇게 쓰여요.

上陸
상   륙

5급
上 陸
위 상   뭍 륙

상륙: 배에서 내려 육지로 오름. "군인들은 안개를 뚫고 해안에 상륙했다."

上京
상   경

6급
上 京
위 상   서울 경

상경: 지방에서 서울로 올라옴. "시골에서 아버님이 상경하셔서 지금 역으로 나가 봐야 한다."

위로!   위 상!

아래로 삐죽! 아래 하 下!

훈 아래 음 하

一부수 (한일 부수)

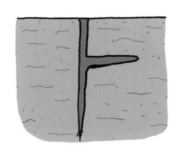

한 일(一) 아래로 삐죽 내려온 것이 아래 하!

上 下 左 右 前 後 來 世

 필순에 따라 써 보세요.

총 3획

下 下 下

필순

아래 하

	下	下
	아래 하	아래 하
	下	下
	아래 하	아래 하
下	下	下	下
下	下	下	下

 이렇게 쓰여요.

下 校
하   교

下 校
아래 하   학교 교

하교: 학교에서 집으로 돌아옴. "하필 하교 시간에 소나기가 내릴 게 뭐야!"

下 人
하   인

下 人
아래 하   사람 인

하인: 옛날에 남의 집에 매여서 일을 하던 낮은 신분의 사람. "최부잣집에는 하인만 수십 명씩 됐다."

아래로!

아래 하!

왼손으로 공구를 잡아! 왼 좌 左!

훈 왼   음 좌

工부수 (장인공 부수)

장인 공(工)이 있는 것이 왼 좌!

😀 필순에 따라 써 보세요.

총 5획

左 左 左 左 左

필순

왼 좌

왼 좌   왼 좌

왼 좌   왼 좌

😤 이렇게 쓰여요.

左	手	左	手 84쪽
좌	수	왼 좌	손 수

좌수: 왼손. "그 불상은 좌수를 위로, 우수(右手)를 아래로 한 자세를 하고 있다."

左	相	左	相 5급
좌	상	왼 좌	서로 상

좌상: 좌의정을 달리 부르는 말. "좌상 대감께서 기다리고 계십니다."

왼쪽으로!   왼 좌!

오른손은 입으로 향해! 오른 우 右!

훈 오른 음 우

□부수 (입구 부수)

입 구(口)가
있는 것이 오른 우!

上
下
左
右
前
後
來
世

😊 필순에 따라 써 보세요.

총 5획

右 右 右 右 右

필순

오른 우

오른 우 오른 우
오른 우 오른 우
오른 우 오른 우

😆 이렇게 쓰여요.

右側
우   측

右側 ^{3급}
오른 우 곁 측

우측 : 오른쪽. "사람은 좌측통행을 하고 자동차는 우측통행을 한다."

右便
우   편

右便
오른 우 편할 편

31쪽

우편 : 오른쪽. "단상 우편에는 교감 선생님이 앉아 계셨다."

오른쪽으로!

오른 우

칼을 들고 앞으로 나아가는! 앞 전 前!

上下左右 前 後來世

前
훈앞 음전

刂 부수 (선칼도방 부수)

앞에 선 사람이 가장 용맹한 사람!

야!

前에는 달 월(月)과 칼 도(刀) 자가 들어 있지.

필순에 따라 써 보세요.

총 9획

前 前 前 前 前 前 前 前 前

앞 전

이렇게 쓰여요.

前生 / 前生 (앞전 날생) 8급

전생: 이 세상에 태어나기 전의 생애를 이르는 말. "나는 전생에 무엇이었을까?"

門前 / 門前 (문문 앞전) 8급

문전: 문의 앞쪽. "그는 말 한 마디도 못 한 채 문전에서 쫓겨났다."

앞으로! 앞 전!

앞에 가는 두 사람 뒤따라가는! 뒤 후 後!

後

훈 뒤   음 후

彳부수 (두인변 부수)

彳은 '두 사람'의 모습이지만, 원래는 '천천히 걷는다'는 뜻이야. 夂도 '천천히 걷는다'는 뜻이지. 천천히 걸으니까 당연히 뒤에서 걷지.

上
下
左
右
前
後
來
世

필순에 따라 써 보세요.

총 9획

後 後 後 後 後 後 後 後 後

필순

뒤 후

이렇게 쓰여요.

先 後   先 後
선 후   먼저 선 뒤 후

선후: 먼저와 나중. "무엇을 선후에 두느냐에 따라 결과가 달라진다."

生 後   生 後
생 후   날 생 뒤 후

생후: 태어난 후. "이 애는 생후 6개월 만에 걷기 시작했답니다."

뒤로!

뒤 후!

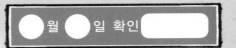

나무 뒤에 사람 둘이 온다! 올 래 來!

上下左右前後來世

來

훈 올 음 래(내)

人부수 (사람인 부수)

우리가 '來' 자처럼 보일까?

來는 나무 목(木) 양쪽에 사람 인(人) 자 두 개를 작게 놓은 글자야.

😀 필순에 따라 써 보세요.

총 8 획

來 來 來 來 來 來 來 來

필순		
來	來	來
	올 래(내)	올 래(내)
올 래(내)	來	來
	올 래(내)	올 래(내)
來	來	來
來	來	來

😊 이렇게 쓰여요.

來	日	來	日 (8급)
내	일	올 래	날 일

내일: 오늘의 바로 다음 날. 다가올 앞날. "내일이면 드디어 방학이다." "한국의 내일을 이끌어 갈 젊은이들."

來	韓	來	韓 (8급)
내	한	올 래	나라 한

내한: 외국인이 한국에 옴. "그 가수의 내한 공연에는 수만 명의 사람들이 모였다."

저기 맥주병이랑 끼로로가 온다.

 7급 마법급수한자

나이 삼십이면 세상을 알아! 세상 세 世!

 월 일 확인

世 훈 세상 음 세
一부수 (한일 부수)

上下左右前後來世

 세상을 밝히는 세상 세(世) 자 촛불!

 世는 十(열 십) 세 개를 겹쳐서 만든 글자야.

필순에 따라 써 보세요.

총 5획

世 世 世 世 世

세상 세

이렇게 쓰여요.

中 世 / 中 世
중 세 / 가운데 중 세상 세

중세: 역사에서 고대와 근대의 중간에 있는 시대. "서양의 중세 시대에는 교회가 가장 큰 힘을 가지고 있었다."

世 人 / 世 人
세 인 / 세상 세 사람 인

세인: 세상 사람. "그의 작품은 세인의 관심을 끌기에 충분했다."

 마법천자문… 우리가 찾아서 세상을 구하자.

105

상하

上下
위 상   아래 하

上下 上下 上下 上下
上下 上下 上下 上下

상하 : 위와 아래. 윗사람과 아랫사람.

좌우

左右
왼 좌   오른 우

左右 左右 左右 左右
左右 左右 左右 左右

좌우 : 왼쪽과 오른쪽.

전후

前後
앞 전   뒤 후

前後 前後 前後 前後
前後 前後 前後 前後

전후 : 앞과 뒤.

세상

世上
세상 세   위 상

世上 世上 世上 世上
世上 世上 世上 世上

세상 : 사람이 살아가는 사회를 통틀어 이르는 말.

내세

來世
올 래   세상 세

來世	來世	來世	來世
來世	來世	來世	來世

내세 : 사람이 죽은 뒤에 다시 태어나 산다는 미래의 세상.

후세

後世
뒤 후   세상 세

後世	後世	後世	後世
後世	後世	後世	後世

후세 : 다음에 오는 세상. 다음 세대의 사람들.

세자

世子 49쪽
세상 세   아들 자

世子	世子	世子	世子
世子	世子	世子	世子

세자 : 왕위를 물려받기로 되어 있는 왕자.

식후

食後 67쪽
먹을 식   뒤 후

食後	食後	食後	食後
食後	食後	食後	食後

식후 : 식사 후.

107

세간

72쪽

世間
세상 세 사이 간

世間　世間　世間　世間

世間　世間　世間　世間

세간 : 사람들이 살아가는 곳.

출세

7급-1 28쪽

出世
날 출　세상 세

出世　出世　出世　出世

出世　出世　出世　出世

출세 : 사회적으로 높은 지위에 오르거나 유명하게 됨.

불세출

30쪽　　7급-1 28쪽

不世出
아닐 불　세상 세　날 출

不世出　不世出

不世出　不世出

불세출 : 좀처럼 세상에 나타나기 힘들 만큼 뛰어남.

직전

7급-1 31쪽

直前
곧을 직　앞 전

直前　直前　直前　直前

直前　直前　直前　直前

직전 : 어떤 일이 일어나기 바로 전.

1 다음 글을 읽고, 한자로 된 낱말의 음을 한글로 쓰세요.

(1) 이 동화책은 上下 두 권으로 이루어져 있습니다.

(2) 길을 건널 때에는 左右를 살피며 조심히 건너야 합니다.

(3) 前後 사정을 말씀드리자 선생님께서도 고개를 끄덕이셨습니다.

(4) 나는 엄마가 世上에서 제일 좋아.

(5) 來世가 정말 있을지 궁금합니다.

(6) 來日은 비가 올 것 같습니다.

(7) 기차가 떠나기 直前에야 겨우 역에 도착했습니다.

좀처럼 세상에
나오지 않을
영웅!

(8) 이순신 장군은 조선이 낳은 不世出의 영웅이었습니다.

2 다음 한자의 훈(訓 : 뜻)과 음(音 : 소리)을 쓰세요.

(1) 前 (   )   (2) 上 (   )

(3) 右 (   )   (4) 世 (   )

(5) 下 (   )   (6) 左 (   )

(7) 來 (   )   (8) 後 (   )

 심화

3 다음 글에서 밑줄 친 글자를 한자로 쓰세요.

> 식후 30분마다 이 알약을 드시고, 주무시기 전에는 물약 한 숟가락을 드세요. 물약을 드실 때에는 잊지 말고 상하좌우로 잘 흔들어 주세요.

(1) 후 : ☐   (2) 전 : ☐   (3) 상 : ☐

(4) 하 : ☐   (5) 좌 : ☐   (6) 우 : ☐

4 다음 한자와 상대 또는 반대되는 한자를 보기 에서 골라 그 번호를 쓰세요.

보기

① 後   ② 來   ③ 下   ④ 右   ⑤ 世

(1) 上 ↔ (   )

(2) 左 ↔ (   )

(3) 前 ↔ (   )

식전과 식후에 각각 한 사발씩?

110

7급 마법급수한자 **실력향상문제** 제6회

5 다음 빈칸에 공통으로 들어갈 알맞은 한자를 보기 에서 골라 그 번호를 쓰세요.

보기

①前 ②左 ③世 ④右

(1) 來( ) : 미래의 세상.

後( ) : 다음에 오는 세상.

( )子 : 왕위를 물려받기로 되어 있는 왕자.

(2) ( )生 : 이 세상에 태어나기 전의 생애.

門( ) : 문의 앞쪽.

6 다음 중에서 필순(筆順: 쓰는 순서)이 올바른 것은?

① ㉠－㉢－㉣－㉤－㉡
② ㉠－㉢－㉣－㉡－㉤
③ ㉢－㉣－㉠－㉤－㉡
④ ㉡－㉠－㉢－㉣－㉤

7 다음 한자에서 ㉠획은 몇 번째 획일까요?

① 첫 번째
② 두 번째
③ 세 번째
④ 네 번째

부수는 글자의 뜻을 이루는 경우가 많아.

아래 7급 한자에서 부수에 해당하는 부분만 써 봅시다.
한자는 이처럼 부수에 다른 글자를 더해서 만들어졌답니다.

天 **하늘 천**
큰대 부수

地 **땅 지**
흙토 부수

然 **그럴 연**
연화발 부수

百 **일백 백**
흰백 부수

祖 **할아비 조**
보일시 부수

男 **사내 남**
밭전 부수

道 **길 도**
책받침 부수

安 **편안 안**
갓머리/집면 부수

全 **온전할 전**
들입 부수

登 **오를 등**
필발머리변 부수

電 **번개 전**
비우 부수

空 **빌 공**
구멍혈 부수

間 **사이 간**
문문 부수

歌 **노래 가**
하품흠 부수

旗 **기 기**
모방 부수

紙 **종이 지**
실사 부수

前 **앞 전**
선칼도방 부수

後 **뒤 후**
두인변 부수

부수를 알면 뜻도 훨씬 쉽게 기억할 수 있지.

7·8급 부수 베스트 7

7·8급 부수 베스트 7을 발표하겠습니다.
7·8급 한자에 가장 많이 쓰인 부수가 1등입니다.

한 일(一)과 사람 인(人)으로 된 글자 개수는 7개로 같았지만

1위 一

一 (한 일)
一, 三, 七, 上, 下, 不, 世 7자

2위 人 亻 儿

人 (사람 인), 亻(사람 인변), 儿 (어진사람인 발)
人, 來, 住, 便, 休, 兄, 先 7자

3위 口

口 (입 구)
口, 同, 名, 命, 問, 右 6자

3위 木

木 (나무 목)
木, 東, 校, 村, 植, 林 6자

3위 水 氵

水 (물 수), 氵(삼수변)
水, 洞, 活, 漢, 江, 海 6자

6위 十

十 (열 십)
十, 南, 千, 午 4자

사람 인은 '人과 亻과 儿' 셋을 합친 숫자라서 결국 한 일(一)이 1등을 했다지.

6위 子

子 (아들 자)
子, 學, 字, 孝 4자

낱말로 익히는 반의어·상대어

뜻이 서로 반대되거나 상대되는 한자들이 합쳐져서 낱말을 이룬 예입니다.
낱말로 익히면 반의어, 상대어도 저절로 외워집니다.

天地	하늘 천 ⇔ 땅 지	內外	안 내 ⇔ 바깥 외
山川	메 산 ⇔ 내 천	出入	날 출 ⇔ 들 입
江山	강 강 ⇔ 메 산	大小	큰 대 ⇔ 작을 소
東西	동녘 동 ⇔ 서녘 서	父母	아비 부 ⇔ 어미 모
南北	남녘 남 ⇔ 북녘 북	兄弟	형 형 ⇔ 아우 제
上下	위 상 ⇔ 아래 하	男女	사내 남 ⇔ 계집 녀
左右	왼 좌 ⇔ 오른 우	老少	늙을 로 ⇔ 젊을 소
前後	앞 전 ⇔ 뒤 후	手足	손 수 ⇔ 발 족
先後	먼저 선 ⇔ 뒤 후	問答	물을 문 ⇔ 대답할 답

낱말로 익히는 반의어·상대어

사자성어 총정리

한자는 넷을 좋아해!

아래 사자성어(四字成語)들을 배워 봅시다.
한자로 된 낱말 중에는 네 글자 낱말이 많아요.

東問西答	동문서답	물음과는 전혀 상관없는 엉뚱한 대답.
南男北女	남남북녀	남쪽은 남자, 북쪽은 여자가 잘났다.
四方八方	사방팔방	여기저기 모든 방향이나 방면.
一日三秋	일일삼추	하루가 삼 년같이 길게 느껴진다.
二八靑春	이팔청춘	열여섯 살의 꽃다운 청춘.
不老長生	불로장생	늙지 않고 아주 오래 삶.
山川草木	산천초목	산과 내와 풀과 나무. 자연을 가리키는 말.
四海兄弟	사해형제	온 세상이 모두 형제와 같다.
人山人海	인산인해	사람이 산과 바다를 이룰 정도로 많다.
萬里長天	만리장천	아득히 높고 먼 하늘.
天上天下	천상천하	하늘 위와 하늘 아래. 온 세상.
全心全力	전심전력	온 마음과 온 힘.

여러 가지 뜻을 가진 한자

少 ∧ 적다 소 | 少食 소식
∧ 젊다 소 | 老少 노소

市 ∧ 저자(시장) 시 | 市場 시장
∧ 행정구역 시 | 市民 시민

所 ∧ 바 소 | 所聞 소문
∧ 곳 소 | 場所 장소

道 ∧ 길 도 | 道路 도로
∧ 도리 도 | 道德 도덕

命 ∧ 목숨 명 | 生命 생명
∧ 명령하다 명 | 命令 명령

여러 가지 음을 가진 한자

不 ∧ 아닐 불 | 不滿 불만 | 不安 불안
∧ 아닐 부 | 不動産 부동산 | 不正 부정 | 不足 부족

* ㄷ, ㅈ으로 시작되는 한자 앞에서 '부'로 읽음.

便 ∧ 편안(편안하다) 편 | 便安 편안
∧ 변(똥·오줌) 변 | 便所 변소

車 ∧ 수레 거 | 人力車 인력거
∧ 수레 차 | 車道 차도

한자를 재미있게 배워 보자고~!

116

음이 같은 한자

가	家 歌
명	命 名
수	數 手
주	住 主
하	夏 下
동	東 冬 同 洞 動

공	工 空
문	文 問
시	時 市
지	地 紙
화	花 話

기	氣 記 旗
소	所 少
식	植 食
자	子 自 字
전	前 電 全
천	天 川 千

뜻이 비슷한 한자

數	算
셈할 수	셈할 산

洞	里	村
마을 동	마을 리	마을 촌

語	話
말씀 어	말씀 화

재미있는 한자들이 이렇게 많다니~!

117

7급 2권 한자들을 복습해 보자!

천지자연에 천백 개의 천강해!

天地自然千百川江海
천 지 자 연 천 백 천 강 해

차도가 불편하니 안전 등장! 장내로!

車道不便安全登場內
차 도 불 편 안 전 등 장 내

조부는 남자, 노소는 효심!

祖夫男子老少孝心
조 부 남 자 노 소 효 심

전화 공사 식가기사 공간!

電話工食家記事空間
전 화 공 식 가 기 사 공 간

가수 기수가 수족 색휴지!

歌旗手足色休紙
가 기 수 족 색 휴 지

상하좌우전후에 내세!

上下左右前後來世
상 하 좌 우 전 후 래 세

7급 낱말 총정리

이 책에 등장하는, 7급 한자로만 이루어진 낱말들입니다. 시험에 나온다는 생각으로 이 낱말들을 읽어 보세요. (❶은 7급-1권의 한자가 포함된 낱말입니다.)

家口 ❶	75	不安	37	電氣 ❶	75
家事	73	不便	37	全心	55
歌手	89	不孝	55	電話	73
家電	74	上下	106	前後	106
間食	74	色紙	89	祖上	56
空間	74	世間	108	左右	106
工夫	56	世上	106	紙面 ❶	91
工事	73	世子	107	地方 ❶	21
空然	20	少時 ❶	56	地上	20
工場	75	手工	91	直前 ❶	108
記事	74	手旗	90	車道	37
旗手	89	手足	89	天命 ❶	21
男子	54	手話	90	天然	19
內面 ❶	39	食口 ❶	75	天地	19
來世	107	食事	73	天下	20
內心	56	食後	107	出世 ❶	108
老少	54	安心	55	便安	37
答紙 ❶	91	安全	38	便紙	90
道場	38	自動 ❶	21	漢江 ❶	21
同色 ❶	91	自動車 ❶	39	孝道	55
登場	38	自主	19	孝心	54
便所 ❶	39	自然	19	孝子	54
不足	39	自足	20	後世	107
不世出 ❶	108	場內	38	休紙	90

실력향상문제 제1회

1 (1) 천지 (2) 자연 (3) 지방 (4) 산천 (5) 한강 (6) 남해
　 (7) 백일 (8) 천금

2 (1) 강 강 (2) 땅 지 (3) 하늘 천 (4) 바다 해
　 (5) 그럴 연 (6) 일백 백 (7) 스스로 자 (8) 내 천

3 (1) ⑤ (2) ⑥ (3) ⑦ (4) ② (5) ④ (6) ⑧ (7) ① (8) ③

4 (1) ③ (2) ① (3) ②

5 (1) 天 (2) 地 (3) 千 (4) 江 (5) 自 (6) 然

6 ②

7 ③

실력향상문제 제2회

1 (1) 안전 (2) 차도 (3) 불편 (4) 국내 (5) 도장 (6) 변소
　 (7) 전교 (8) 등장

2 (1) 오를 등 (2) 수레 거/차 (3) 편안 안 (4) 안 내
　 (5) 길 도 (6) 마당 장 (7) 편할 편/똥오줌 변 (8) 온전 전

3 (1) 車 (2) 道 (3) 不 (4) 便 (5) 安 (6) 全

4 (1) ① (2) ②

5 (1) ③ (2) ②

6 ②

7 ②

실력향상문제 제3회

1 (1) 남자 (2) 조부 (3) 효심 (4) 왕자
　 (5) 부 (6) 선조 (7) 인부 (8) 남녀노소

2 (1) 지아비 부 (2) 마음 심 (3) 할아비 조 (4) 사내 남
　 (5) 적을(젊을) 소 (6) 아들 자 (7) 효도 효 (8) 늙을 로

3 (1) ④ (2) ③ (3) ⑧ (4) ⑤ (5) ② (6) ⑥ (7) ① (8) ⑦

4 (1) ④ (2) ①

5 (1) 男 (2) 子 (3) 老 (4) 少 (5) 孝 (6) 心

6 ③

7 ①

실력향상문제 제4회

1 (1) 전화 (2) 공사 (3) 식사 (4) 가사 (5) 기사
　 (6) 공간 (7) 가전 (8) 간식

2 (1) 집 가 (2) 말씀 화 (3) 먹을 식 (4) 사이 간
　 (5) 일 사 (6) 기록할 기 (7) 장인 공 (8) 빌 공

3 (1) 電 (2) 話 (3) 工 (4) 事 (5) 食

4 (1) ① (2) ③

5 (1) ② (2) ④ (3) ① (4) ③

6 ③

7 ③

실력향상문제 제5회

1 (1) 가수 (2) 기수 (3) 수족 (4) 휴지
　 (5) 교가 (6) 목수 (7) 청색 (8) 백기

2 (1) 발 족 (2) 노래 가 (3) 종이 지
　 (4) 손 수 (5) 빛 색 (6) 기 기 (7) 쉴 휴

3 (1) ① (2) ③ (3) ② (4) ⑤ (5) ④ (6) ⑥

4 (1) ③ (2) ② (3) ① (4) ④

5 (1) 旗 (2) 手 (3) 歌 (4) 色 (5) 紙 (6) 休

6 ④

7 ②

실력향상문제 제6회

1 (1) 상하 (2) 좌우 (3) 전후 (4) 세상
　 (5) 내세 (6) 내일 (7) 직전 (8) 불세출

2 (1) 앞 전 (2) 위 상 (3) 오른 우 (4) 세상 세
　 (5) 아래 하 (6) 왼 좌 (7) 올 래 (8) 뒤 후

3 (1) 後 (2) 前 (3) 上 (4) 下 (5) 左 (6) 右

4 (1) ③ (2) ④ (3) ①

5 (1) ③ (2) ①

6 ①

7 ③

모의 한자능력
검정시험 제1회

(1) 매사
(2) 장소
(3) 전력
(4) 해초
(5) 오전
(6) 심기
(7) 농부
(8) 천지
(9) 지상
(10) 불효
(11) 안심
(12) 편안
(13) 부족
(14) 전화
(15) 가사
(16) 간식
(17) 공장
(18) 편지
(19) 세상
(20) 직전
(21) 시
(22) 장
(23) 차
(24) 안
(25) 전
(26) 도
(27) 전
(28) 화
(29) 공
(30) 사
(31) 불
(32) 편
(33) 위 상
(34) 스스로 자
(35) 앞 전
(36) 사내 남
(37) 기 기
(38) 안 내
(39) 일천 천
(40) 오를 등
(41) 발 족
(42) 아래 하

(43) 빌 공
(44) 강 강
(45) 일 사
(46) 번개 전
(47) 효도 효
(48) 길 도
(49) 할아비 조
(50) 편할 편/똥오줌 변
(51) 빛 색
(52) 먹을 식
(53) 아닐 불/부
(54) 마당 장
(55) ⑧
(56) ②
(57) ①
(58) ⑤
(59) ③
(60) ⑦
(61) ⑥
(62) ④
(63) 차가 다니는 길
(64) 앞과 뒤
(65) ⑦
(66) ②
(67) ⑧
(68) ⑤
(69) ④
(70) ②

모의 한자능력
검정시험 제2회

(1) 시간
(2) 전력
(3) 해물
(4) 백방
(5) 천하
(6) 노소
(7) 자연
(8) 남자
(9) 식구
(10) 휴지
(11) 불편
(12) 후세

(13) 내심
(14) 공사
(15) 효도
(16) 강촌
(17) 좌우
(18) 기사
(19) 수족
(20) 안전
(21) 매
(22) 소
(23) 년
(27) 편
(25) 지
(26) 주
(27) 소
(28) 성
(29) 명
(30) 중
(31) 학
(32) 교
(33) 하늘 천
(37) 수레 거/차
(35) 편할 편/똥오줌 변
(36) 마음 심
(37) 장인 공
(38) 뒤 후
(39) 지아비 부
(40) 손 수
(41) 왼 좌
(42) 오른 우
(43) 내 천
(44) 오를 등
(45) 길 도
(46) 기록할 기
(47) 온전 전
(48) 일백 백
(49) 적을 소
(50) 쉴 휴
(51) 앞 전
(52) 사이 간
(53) 사내 남
(54) 집 가
(55) ②
(56) ④
(57) ⑥

(58) ①
(59) ⑤
(60) ⑧
(61) ③
(62) ⑦
(63) 손과 발
(64) 강과 산
(65) ③
(66) ②
(67) ⑤
(68) ①
(69) ④
(70) ②

모의 한자능력
검정시험 제3회

(1) 시장
(2) 농사
(3) 답지
(4) 백성
(5) 천연
(6) 지방
(7) 자동차
(8) 조상
(9) 읍내
(10) 불안
(10) 등장
(12) 변소
(13) 식사
(14) 공간
(15) 전기
(16) 가수
(17) 전후
(18) 내세
(19) 출세
(20) 효심
(21) 한
(22) 강
(23) 중
(24) 지
(25) 방
(26) 동
(27) 서

(28) 상
(29) 북
(30) 남
(31) 하
(32) 해
(33) 땅 지
(34) 바다 해
(35) 마당 장
(36) 사이 간
(37) 쉴 휴
(38) 아들 자
(39) 마음 심
(40) 노래 가
(41) 올 래
(42) 오른 우
(43) 내 천
(44) 그럴 연
(45) 편안 안
(46) 말씀 화
(47) 집 가
(48) 아래 하
(49) 왼 좌
(50) 늙을 로
(51) 종이 지
(52) 세상 세
(53) 발 족
(54) 빌 공
(55) ⑥
(56) ④
(57) ②
(58) ⑧
(59) ①
(60) ⑦
(61) ⑤
(62) ③
(63) 하늘과 땅
(64) 위와 아래
(65) ⑦
(66) ③
(67) ②
(68) ①
(69) ③
(70) ①

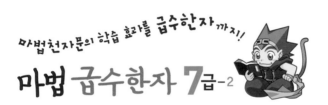

마법천자문의 학습 효과를 급수한자까지!

마법 급수한자 **7**급-2

1판 1쇄 발행 2008년 8월 13일
개정 3판 3쇄 발행 2024년 1월 24일

펴낸이 김영곤
마천사업본부 이사 은지영
기획개발 장영옥 조영진 김혜영 양수안
아동마케팅영업 본부장 변유경
아동마케팅1팀 김영남 정성은 손용우 최윤아 송혜수
아동마케팅2팀 황혜선 이해림 이규림 이주은
아동영업팀 강경남 오은희 김규희 양슬기
제작 관리 이영민 권경민

펴낸곳 ㈜북이십일 아울북
출판등록 2000년 5월 6일 제406-2003-061호
주소 (우 10881) 경기도 파주시 회동길 201(문발동)
전화 031-955-2100(영업 · 독자문의) 031-955-2128(기획개발)
브랜드사업문의 license21@book21.co.kr
팩스 031-955-2177

ISBN 978-89-509-4249-6
가격은 책 뒤표지에 있습니다.

· 제조자명 : ㈜북이십일
· 주소 및 전화번호 : 경기도 파주시 회동길 201(문발동) / 031-955-2100
· 제조연월 : 2024.1.24
· 제조국명 : 대한민국
· 사용연령 : 3세 이상 어린이 제품

※ 모의 한자능력검정시험을 치른 후, 답을 이곳에 기재하세요.

수험번호 □□□ - □□ - □□□□   성명 □□□□□
주민등록번호 □□□□□□ - □□□□□□□   *유성 사인펜, 붉은색 필기구 사용 불가.

*답안지는 컴퓨터로 처리되므로 구기거나 더럽히지 마시고, 정답 칸 안에만 쓰십시오.
 글씨가 채점란으로 들어오면 오답처리가 됩니다.

제1회 한자능력검정시험 7급 답안지(1)

번호	정 답	1검	2검	번호	정 답	1검	2검	번호	정 답	1검	2검
1				13				25			
2				14				26			
3				15				27			
4				16				28			
5				17				29			
6				18				30			
7				19				31			
8				20				32			
9				21				33			
10				22				34			
11				23				35			
12				24				36			

감독위원	채점위원(1)		채점위원(2)		채점위원(3)	
(서명)	(득점)	(서명)	(득점)	(서명)	(득점)	(서명)

제1회 한자능력검정시험 7급 답안지(2)

번호	정 답	1검	2검	번호	정 답	1검	2검	번호	정 답	1검	2검
	답안란	채점란			답안란	채점란			답안란	채점란	
37				49				61			
38				50				62			
39				51				63			
40				52				64			
41				53				65			
42				54				66			
43				55				67			
44				56				68			
45				57				69			
46				58				70			
47				59							
48				60							

※ 모의 한자능력검정시험을 치른 후, 답을 이곳에 기재하세요.

수험번호 □□□-□□-□□□□
성명 □□□□□

주민등록번호 □□□□□□-□□□□□□□

*유성 사인펜, 붉은색 필기구 사용 불가.

*답안지는 컴퓨터로 처리되므로 구기거나 더럽히지 마시고, 정답 칸 안에만 쓰십시오.
 글씨가 채점란으로 들어오면 오답처리가 됩니다.

제2회 한자능력검정시험 7급 답안지(1)

번호	정 답	1검	2검	번호	정 답	1검	2검	번호	정 답	1검	2검
1				13				25			
2				14				26			
3				15				27			
4				16				28			
5				17				29			
6				18				30			
7				19				31			
8				20				32			
9				21				33			
10				22				34			
11				23				35			
12				24				36			

답안란 / 채점란

감독위원	채점위원(1)	채점위원(2)	채점위원(3)
(서명)	(득점) (서명)	(득점) (서명)	(득점) (서명)

제2회 한자능력검정시험 7급 답안지(2)

번호	정 답	1검	2검	번호	정 답	1검	2검	번호	정 답	1검	2검
	답안란	채점란			답안란	채점란			답안란	채점란	
37				49				61			
38				50				62			
39				51				63			
40				52				64			
41				53				65			
42				54				66			
43				55				67			
44				56				68			
45				57				69			
46				58				70			
47				59							
48				60							

※ 모의 한자능력검정시험을 치른 후, 답을 이곳에 기재하세요.

수험번호 □□□-□□-□□□□   성명 □□□□□
주민등록번호 □□□□□□-□□□□□□□
*유성 사인펜, 붉은색 필기구 사용 불가.

*답안지는 컴퓨터로 처리되므로 구기거나 더럽히지 마시고, 정답 칸 안에만 쓰십시오.
 글씨가 채점란으로 들어오면 오답처리가 됩니다.

제3회 한자능력검정시험 7급 답안지(1)

번호	정 답	1검	2검	번호	정 답	1검	2검	번호	정 답	1검	2검
	답안란	채점란			답안란	채점란			답안란	채점란	
1				13				25			
2				14				26			
3				15				27			
4				16				28			
5				17				29			
6				18				30			
7				19				31			
8				20				32			
9				21				33			
10				22				34			
11				23				35			
12				24				36			

감독위원	채점위원(1)		채점위원(2)		채점위원(3)	
(서명)	(득점)	(서명)	(득점)	(서명)	(득점)	(서명)

제3회 한자능력검정시험 7급 답안지(2)

번호	정 답	1검	2검	번호	정 답	1검	2검	번호	정 답	1검	2검
	답안란	채점란			답안란	채점란			답안란	채점란	
37				49				61			
38				50				62			
39				51				63			
40				52				64			
41				53				65			
42				54				66			
43				55				67			
44				56				68			
45				57				69			
46				58				70			
47				59							
48				60							

5 다음 한자어(漢字語)의 뜻을 쓰세요. (63~64)

(63) 天地

(64) 上下

6 다음 빈칸에 알맞은 한자(漢字)를 〈보기〉에서 골라 그 번호를 쓰세요. (65~66)

─── 〈보기〉 ───

① 旗　　② 動　　③ 老　　④ 安

⑤ 孝　　⑥ 後　　⑦ 歌　　⑧ 足

(65) ( )手 : 노래 부르는 것이 직업인 사람.

(66) 不( )長生 : 늙지 않고 아주 오래 삶.

7 다음 한자(漢字)와 상대 또는 반대되는 한자를 〈보기〉에서 골라 그 번호를 쓰세요. (67~68)

─── 〈보기〉 ───

① 老　　② 後　　③ 上　　④ 內

⑤ 平　　⑥ 正　　⑦ 全　　⑧ 主

(67) 前

(68) 少

8 다음 물음에 답하세요. (69~70)

(69) 다음 한자(漢字)에서 ㉠으로 표시된 획은 몇 번째 획일까요?

① 첫 번째

② 두 번째

③ 여섯 번째

④ 일곱 번째

(70) 다음 중 한자(漢字)의 필순이 잘못된 것은 어느 것일까요?

㉠　ㄴ　ㄷ　ㄹ (한자 필순 보기)

① 心

② 內

③ 手

④ 上

第3回 漢字能力檢定試驗 7級 問題紙

(시험 시간 : 50분)

※ 문제지는 답안지와 함께 제출하세요.

1 다음 한자로 된 낱말들의 독음(讀音)을 적으세요. (1~20)

─〈보기〉─
漢字 → 한자

(1) 市場　　　(2) 農事
(3) 答紙　　　(4) 百姓
(5) 天然　　　(6) 地方
(7) 自動車　　(8) 祖上
(9) 邑內　　　(10) 不安
(11) 登場　　　(12) 便所
(13) 食事　　　(14) 空間
(15) 電氣　　　(16) 歌手
(17) 前後　　　(18) 來世
(19) 出世　　　(20) 孝心

2 다음 글을 읽고, 밑줄 친 한자(漢字)의 독음(讀音)을 적으세요. (21~32)

漢江은 中부 地方을 東쪽에서 西쪽으로 지나갑니다. 한강의 上류는 北漢江과 南漢江으로 나누어집니다. 한강의 下류에는 우리나라의 수도인 서울이 있습니다. 김포평야를 지난 한강은 西海로 흘러갑니다.

(21) 漢　　　(22) 江
(23) 中　　　(24) 地
(25) 方　　　(26) 東
(27) 西　　　(28) 上
(29) 北　　　(30) 南
(31) 下　　　(32) 海

3 다음 한자(漢字)의 훈(訓)과 음(音)을 적으세요. (33~54)

─〈보기〉─
人 → 사람 인

(33) 地　　　(34) 海
(35) 場　　　(36) 間
(37) 休　　　(38) 子
(39) 心　　　(40) 歌
(41) 來　　　(42) 右
(43) 川　　　(44) 然
(45) 安　　　(46) 話
(47) 家　　　(48) 下
(49) 左　　　(50) 老
(51) 紙　　　(52) 世
(53) 足　　　(54) 空

4 다음 뜻에 알맞은 한자(漢字)를 〈보기〉에서 찾아 그 번호를 쓰세요. (55~62)

─〈보기〉─
① 工　② 事　③ 記　④ 前
⑤ 全　⑥ 食　⑦ 便　⑧ 電

(55) 먹을 식
(56) 앞 전
(57) 일 사
(58) 번개 전
(59) 장인 공
(60) 편할 편/ 똥오줌 변
(61) 온전 전
(62) 기록할 기

5 다음 한자어(漢字語)의 뜻을 쓰세요. (63~64)

(63) 手足
(64) 江山

6 다음 빈칸에 알맞은 한자(漢字)를 〈보기〉에서 골라 그 번호를 쓰세요. (65~66)

―〈보기〉―

① 老　② 海　③ 孝　④ 江
⑤ 少　⑥ 內　⑦ 子　⑧ 川

(65) (　)道 : 부모를 잘 섬기는 도리.
(66) 人山人(　) : 사람이 산과 바다를 이룰 정도로 많다.

7 다음 한자(漢字)와 상대 또는 반대되는 한자를 〈보기〉에서 골라 그 번호를 쓰세요. (67~68)

―〈보기〉―

① 外　② 後　③ 左　④ 工
⑤ 下　⑥ 子　⑦ 夫　⑧ 世

(67) 上
(68) 內

8 다음 물음에 답하세요. (69~70)

(69) 다음 한자(漢字)에서 ㉠으로 표시된 획은 몇 번째 획일까요?

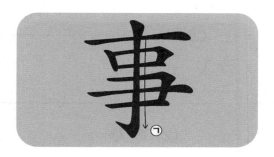

① 두 번째
② 세 번째
③ 일곱 번째
④ 여덟 번째

(70) 다음 한자(漢字)의 필순이 올바른 것은 어느 것일까요?

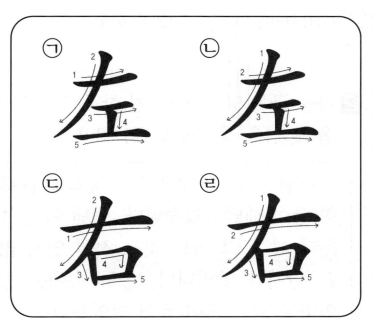

① ㉠-㉢
② ㉠-㉣
③ ㉡-㉢
④ ㉡-㉣

第2回 漢字能力檢定試驗 7級 問題紙

(시험 시간 : 50분)

※ 문제지는 답안지와 함께 제출하세요.

1 다음 한자로 된 낱말들의 독음(讀音)을 적으세요. (1~20)

〈보기〉
漢字 → 한자

(1) 時間　　　(2) 電力
(3) 海物　　　(4) 百方
(5) 天下　　　(6) 老少
(7) 自然　　　(8) 男子
(9) 食口　　　(10) 休紙
(11) 不便　　　(12) 後世
(13) 內心　　　(14) 工事
(15) 孝道　　　(16) 江村
(17) 左右　　　(18) 記事
(19) 手足　　　(20) 安全

2 다음 글을 읽고, 밑줄 친 한자(漢字)의 독음(讀音)을 적으세요. (21~32)

每달 少年의 앞으로 꼬박꼬박 便紙 한 통이 배달되었습니다. 보낸 이의 住所나 姓名 그 어느 것도 적혀 있지 않은 편지가 말입니다. 봉투 속에는 늘 얼마쯤 되는 돈이 들어 있었습니다. 少年이 中學校에 입학하던 날이었습니다. 한 신사가 少年을 찾아왔습니다.

(21) 每　　　(22) 少
(23) 年　　　(24) 便
(25) 紙　　　(26) 住
(27) 所　　　(28) 姓
(29) 名　　　(30) 中
(31) 學　　　(32) 校

3 다음 한자(漢字)의 훈(訓)과 음(音)을 적으세요. (33~54)

〈보기〉
人 → 사람 인

(33) 天　　　(34) 車
(35) 便　　　(36) 心
(37) 工　　　(38) 後
(39) 夫　　　(40) 手
(41) 左　　　(42) 右
(43) 川　　　(44) 登
(45) 道　　　(46) 記
(47) 全　　　(48) 百
(49) 少　　　(50) 休
(51) 前　　　(52) 間
(53) 男　　　(54) 家

4 다음 뜻에 알맞은 한자(漢字)를 〈보기〉에서 찾아 그 번호를 쓰세요. (55~62)

〈보기〉
① 話　　② 老　　③ 下　　④ 不
⑤ 自　　⑥ 來　　⑦ 色　　⑧ 足

(55) 늙을 로
(56) 아닐 불/부
(57) 올 래
(58) 말씀 화
(59) 스스로 자
(60) 발 족
(61) 아래 하
(62) 빛 색

5 다음 한자어(漢字語)의 뜻을 쓰세요. (63~64)

  (63) 車道
  (64) 前後

6 다음 빈칸에 알맞은 한자(漢字)를 〈보기〉에서 골라 그 번호를 쓰세요. (65~66)

─── 〈보기〉 ───

① 全   ② 少   ③ 門   ④ 天
⑤ 小   ⑥ 紙   ⑦ 間   ⑧ 世

  (65) (   )食 : 끼니와 끼니 사이에 먹는 음식.
  (66) 老(   ) : 늙은이와 젊은이.

7 다음 한자(漢字)와 상대 또는 반대되는 한자를 〈보기〉에서 골라 그 번호를 쓰세요. (67~68)

─── 〈보기〉 ───

① 上   ② 口   ③ 子   ④ 有
⑤ 手   ⑥ 工   ⑦ 天   ⑧ 右

  (67) 左
  (68) 足

8 다음 물음에 답하세요. (69~70)

  (69) 다음 한자(漢字)에서 ㉠으로 표시된 획은 몇 번째 획일까요?

① 첫 번째
② 두 번째
③ 다섯 번째
④ 여섯 번째

  (70) 다음 한자(漢字)의 필순이 올바른 것은 어느 것일까요?

① ㉡-㉠-㉢-㉣-㉤-㉥
② ㉡-㉠-㉢-㉤-㉣-㉥
③ ㉠-㉡-㉢-㉣-㉤-㉥
④ ㉠-㉡-㉢-㉤-㉣-㉥

第1回 漢字能力檢定試驗 7級 問題紙

(시험 시간 : 50분)

※ 문제지는 답안지와 함께 제출하세요.

1 다음 한자로 된 낱말들의 독음(讀音)을 적으세요. (1~20)

───〈보기〉───
漢字 → 한자

(1) 每事   (2) 場所
(3) 全力   (4) 海草
(5) 午前   (6) 心氣
(7) 農夫   (8) 天地
(9) 地上   (10) 不孝
(11) 安心   (12) 便安
(13) 不足   (14) 電話
(15) 家事   (16) 間食
(17) 工場   (18) 便紙
(19) 世上   (20) 直前

2 다음 글을 읽고, 밑줄 친 한자(漢字)의 독음(讀音)을 적으세요. (21~32)

엄마랑 市場에 가는 길입니다. 車에 타자마자 나는 安全띠를 맵니다. 市場에 거의 다 와서 갑자기 길이 많이 막힙니다. 車道 한복판에서 電話 工事를 하고 있습니다. 그 때문에 지나기가 몹시 不便합니다.

(21) 市   (22) 場
(23) 車   (24) 安
(25) 全   (26) 道
(27) 電   (28) 話
(29) 工   (30) 事
(31) 不   (32) 便

3 다음 한자(漢字)의 훈(訓)과 음(音)을 적으세요. (33~54)

───〈보기〉───
人 → 사람 인

(33) 上   (34) 自
(35) 前   (36) 男
(37) 旗   (38) 內
(39) 千   (40) 登
(41) 足   (42) 下
(43) 空   (44) 江
(45) 事   (46) 電
(47) 孝   (48) 道
(49) 祖   (50) 便
(51) 色   (52) 食
(53) 不   (54) 場

4 다음 뜻에 알맞은 한자(漢字)를 〈보기〉에서 찾아 그 번호를 쓰세요. (55~62)

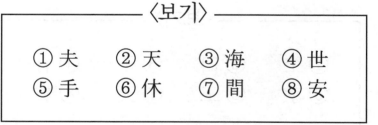

───〈보기〉───
① 夫   ② 天   ③ 海   ④ 世
⑤ 手   ⑥ 休   ⑦ 間   ⑧ 安

(55) 편안 안
(56) 하늘 천
(57) 지아비 부
(58) 손 수
(59) 바다 해
(60) 사이 간
(61) 쉴 휴
(62) 세상 세

7급

한자능력검정시험 대비

모의 한자능력검정시험

아울북

모의 한자능력검정시험을 보기 전에 꼭 읽어 보세요.

1. 모의 한자능력검정시험은 〈7급-2 마법급수한자〉를 완전히 학습한 후에 실제 시험에
   임하는 자세로 치릅니다.

2. 한자능력검정시험 7급은 70문제이고 시험 시간은 50분입니다.

3. 각 문제 1점씩 70점 만점입니다.

4. 답은 실제 시험과 똑같이 이 책에 들어 있는 답안지에만 작성하세요.

5. 답안을 작성할 때에는 꼭 검은색 필기 도구를 사용하세요.

6. 시험을 치른 후에는 꼭 채점을 하고, 애매한 답은 틀린 답으로 처리하세요.

7. 채점 결과에 따라 아래의 표를 보고 자신의 실력을 평가해 보세요.

등급	정답 수	평가	학습 조언
A	61-70	아주 잘함.	매우 훌륭합니다. 6급 과정으로 들어가세요.
B	56-60	잘함.	비교적 훌륭합니다. 6급 과정으로 들어가세요.
C	51-55	보통.	약간 부족합니다. 틀린 문제 중심으로 복습하세요.
D	50 이하	부족.	아주 부족합니다. 처음부터 복습하세요.

※ 7급 합격 점수는 49점입니다.